Marginales

Nuevos textos sagrados

Colección dirigida por
Antoni Marí

José Emilio Pacheco

COMO LA LLUVIA

[POEMAS 2001-2008]

Diseño de la colección: Clotet-Tusquets
Ilustración de portada: © Alicia Sandoval
Fotografía del autor: © Rogelio Cuéllar Ramírez
Colección: Marginales
Serie: Nuevos textos sagrados

Bajo el sello editorial TUSQUETS M.R.
Avenida Presidente Masarik núm. 111,
Piso 2, Polanco V Sección, Miguel Hidalgo
C.P. 11560, Ciudad de México
www.planetadelibros.com.mx

Primera edición impresa en México: junio de 2025
ISBN: 978-607-39-2917-2

Impreso en los talleres de Impregráfica Digital, S.A. de C.V.
Av. Coyoacán 100-D, Valle Norte, Benito Juárez
Ciudad de México, C.P. 03103
Impreso en México - *Printed in Mexico*

Arrojados a este mar tan turbio y tan hondo, jamás pondremos pie en tierra firme. En su vaivén los flujos y reflujos nos zarandean sin cesar y nos abisman con estrago. Flotamos entre dos aguas a merced de las olas. Chocamos unos contra otros y naufragamos a veces. Tememos siempre a este mar tempestuoso sujeto a todas las tormentas. Para sus navegantes el único puerto seguro es la muerte.

SÉNECA, Consolación a Lucilio
[Trad. de Julián Hernández, en *Lacrimae rerum: Breve antología de las letras latinas*, México, 1939.]

I

LOS PERSONAJES DEL DRAMA

EL SEÑOR MORÓN Y LA NIÑA DE PLATA, O UNA IMAGEN DEL DESEO

Un cuento en cinco actos y en verso

En ella, en fin, se retrata
Una imagen del deseo.
¿Qué sirve tanto rodeo?
Ella es La Niña de Plata.
LOPE DE VEGA,
La Niña de Plata (1617)

Primer acto

Cómo se acicalaba noche tras noche
Para ocupar su asiento en primera fila
Aquel señor Morón a quien nuestro grupo de teatro
Juzgaba el hazmerreír, el invasor, el viejo asqueroso,
Capaz de suponer que con regalos y flores
Y elogios delirantes en un periódico infame
Iba a ser suya algún día
Nuestra fugaz estrella hermosísima.
Casi desnuda y casi adolescente
Interpretaba con verdadera gracia y talento
A La Niña de Plata en mi versión
Que era sólo un intento de venerarla.
(Lope de Vega dice que la llaman así
Porque al verla «todos los ojos
Codician a La Niña como a la plata».)

Al terminar la función La Niña de Plata
Se transformaba en Reina de la Noche
Y hacía el amor como nadie
Con el afortunado de aquel grupo
Que le gustaba un momento.
Encendía la furia inevitable
De las actrices que representaban
A Zulema, a Teodora, a Marcela, a La Esclava.

La Reina había trazado las fronteras:
«En mi cuerpo yo mando. No quiero ser
Propiedad de hombre alguno.
Y las reglas del juego son muy simples:
Nada de celos ni rivalidades
Y no se hable de amor: eso no existe».

Segundo acto

En la historia que sangra, en la tragedia
De nuestra humanidad hubo unos años,
Entre el descubrimiento de la píldora
Y la salvaje aparición del sida,
Unos años de lumbre en que la gente
Pudo hacer cuanto quiso con su cuerpo
Sin miedo de embarazos ni contagios.

De las generaciones desdichadas
Que han arruinado sin piedad la Tierra
Sólo los de ese entonces fueron libres
O al menos lo creyeron, pues la utopía
Tampoco funcionó: La Niña de Plata,
La Reina de la Noche y el Deseo,
Acabó con el grupo, sembró el odio,
Su libertad nos convirtió en esclavos,
Torturados por la más doliente pasión,
Corroídos por el más loco amor
En la guerra de todos contra todos.

Pero mientras duró la temporada,
Con señas, actitudes, gestos, guiños,
Dijimos cada noche al señor Morón,
La pobre víctima cuya única culpa
Era amar y desear pero a destiempo:
«Este mundo es el nuestro. En él no entra nadie
Que no tenga veinte años como nosotros.
Por ahora somos los jóvenes.
Ya que no lo seremos para siempre,
No soportamos el horror de ver
Como en espejo cóncavo la imagen
De aquello en lo que vamos a convertirnos,
A menos que nos preste
Oportuna licencia la Madre Muerte».

Tercer acto

Frente a nuestra edad actual el señor Morón
No sería tan viejo como nosotros ahora.
Pero sus canas teñidas y sus arrugas maquilladas,
Su aspecto de villano del peor cine,
Nos hacían verlo entre risas
Como un *Stregosaurus undulatus*,
Una bestia prehistórica
Que intentara acercarse
A la hoguera y la orgía del *Homo sapiens*.

Estigmas ominosos su traje a rayas,
Su flor en el ojal, su pañuelito doblado,
Su bigote estilo Clark Gable
Y el aroma excesivo a Colonia Sanborns.
Todo él esperpento, gárgola,
Piltrafa, ruina, carroña
Ante el cuerpo tan nuevo de La Niña de Plata
Y su cara perfecta de aquellos años.

A veces, contra cercos y prohibiciones,
El señor Morón lograba colarse
Por soborno o a fuerza en los camerinos
Para ofrendarle rosas y collares de ópalos.
La Niña me escogía por ser el menos violento,
El que no iba a insultarlo ni a zarandearlo.
Me tomaba del brazo para impedir el escándalo
Y ahuyentar sin ofensa al desdichado.

«Usted es muy generoso, señor Morón.
Gracias por sus elogios y sus collares
Y en especial por las magníficas rosas…
Lo siento de verdad pero no puedo
Aceptar su gentil invitación:
Ya tengo un compromiso con mi novio.»

El «novio» era siempre yo en aquellas noches.
(«Llévame a casa por favor. Me temo
Que este monstruo me siga al verme sola.»)
Así el señor Morón en su desdicha
Me daba el don inmenso de unas horas
De placer infinito sin mañana.

Cuánto le habrá dolido al señor Morón
Suponer en qué forma
Iba a desarrollarse el «compromiso»
En un apartamento de Obregón e Insurgentes.
«Cierra bien la cortina: estoy segura
De que el viejo asqueroso intenta espiarnos…»
«¿Te gusta ver las rosas entre mis senos…?»
«¿Cómo me queda este collar desnuda…?»
(Teodora le decía: «No te pongas
Esas piedras jamás. Deshazte de ellas.
Atraen como imanes la mala suerte
Y el pobre endriago que te las obsequia
Redobla la energía negativa».
No hicimos caso: «Teodora es muy extraña
Y se muere de envidia».)

Cuarto acto

Cuando el grupo al final se disolvió
Por causa de ella aunque no por su culpa,
Ya que, excepto a Morón, no engañó a nadie,
Le dije adiós
A La Niña de Plata en el Parque México.
Ya no quiso
Recibirme en su casa,
«Para evitar más desastres».
No me dejó besarla, no me abrazó.
Sólo me dio la mano al despedirse
Y la tuve un minuto entre mis dedos.

Jamás volvimos a vernos.
Con todo su talento nunca otra vez
Pisó ningún escenario.
Más tarde me dijeron que se casó.
Se fue a vivir a Inglaterra
Y murió
(Nunca supe por qué ni cómo)
Cuando aún no cumplía veinticinco años.

No hay rastro de su nombre en Internet,
No perdura una sola foto.
Ya no existe memoria de aquel tiempo,
Del mundo antiguo nada sigue en pie.
Por todo esto
Guardo su última imagen para siempre,
Para siempre la veo en el Parque México
Y aún sigue despidiéndose de mí
Pero a cada instante
Está más y más lejos
Y nunca cesa de irse.

Quinto acto

Poco antes de esta escena el señor Morón
Se hartó de tanta burla y rechazo
Y se perdió en la noche como después
Iba a extraviarse cada uno de nosotros.
El mundo es teatro y sólo un breve instante
Representamos nuestra farsa trágica.
Luego llegan los otros con su espectáculo.

Entre tanta demencia el señor Morón
Creyó que en serio yo era el «novio» de La Niña de Plata.
Quizá lo hubiera herido mucho más la verdad
Pero vivimos siempre en la ignorancia.

Si aceptó zozobrar en la ignominia,
La derrota y el gran fracaso,
Antes de hundirse al fin en las tinieblas
Me escribió su rencor interminable
Con la tinta del odio
Y la clarividencia del desastre:

«Goza de tu victoria porque un día
Tú serás como yo el intruso,
El viejo asqueroso.
El señor Morón
Que va en pos de un deseo imposible,
Huele a Colonia Sanborns
Y lleva un ramo de rosas.

»Ya te acicalarás noche tras noche
Para ocupar tu asiento en primera fila.»

El pez en el acuario
Mudo observa
El espacio que mide con su vuelo.

Del agua sólo sabe:
«Esto es el mundo».
De nosotros lo azoran los enigmas.

«¿Quiénes serán? Extraños prisioneros
De la Tierra y el aire.
Si vinieran aquí se asfixiarían.

»Los compadezco. Pobres animales
Que dan vueltas eternas al vacío.

»Viven para ser vistos.
Son carnada
De un poderoso anzuelo inexplicable.

»Algún día
He de verlos inertes, boca arriba,
Flotantes en la cima de su Nada.»

EL GRAN AYER

La foto de ese joven de antes de ayer
Al que todos conocen sólo de viejo...

Extraño nieto de sus propios hijos,
Tiene el vestuario
De un presente fugaz como este ahora mismo.

Duro nos mira desde su juventud,
No de verdad sino sólo imagen.
Su hoy es ya fue
En camino al abismo que espera a todos.

No representa su mayor edad
Sino lo relativo de mundo y tiempo.

Allá en la foto
Él se desnace, crece al revés
En su enjuvenecimiento exagerado.

Pronto los dos
—El de allá, el de aquí—
Serán parte del gran ayer,
Imagen doble
De otro más entre sus fantasmas.

EL VECINO DE ARRIBA

> En una encantada torre,
> por lo que sé, vive preso.
> CALDERÓN DE LA BARCA,
> *La vida es sueño*

El vecino de arriba se pasea todo el día
Entre los muros de su encierro.

Cruje el edificio
Con la violencia inútil de sus pasos.
Se revuelca en el suelo.
Deja correr el agua como si abriera una presa.
Un minuto después suspende el acto
Y reanuda su andar en círculos.
Golpea las paredes de cartón-piedra.
Arroja cosas
Que saltan en añicos.

Lo más terrible es el lamento incesante:
Muge, gime y aúlla
En un lenguaje incomprensible.
A veces pone música:
Tambores que repiten la misma nota obsesiva.

No sé quién es ni lo he visto nunca.
Jamás sale a la calle.
No se atreve a acechar por la ventana.
Debe de haber personas que vean por él,
Lo alimenten, recojan la basura.

Pasan semanas y el estruendo crece.
Se hacen más dolorosos los aullidos.

Quiero irme de aquí cuanto antes.
Estoy casi seguro:
El vecino de arriba es Segismundo.
Sin tener culpa alguna fue condenado
A esta prisión desde que abrió los ojos.

Y sin tregua protesta noche y día
Contra el crimen sin nombre de haber nacido.

GALEOTES

De las formas de infierno
Diseñadas en este mundo
Para hacer indeseable la existencia
La más amarga es nuestra condena.

Somos galeotes y en el viaje inmóvil,
Ritmado por el golpe de los tambores,
El látigo en la espalda no permite
Aflojar el esfuerzo un solo instante.

A fuerza de tortura nuestros amos
Alcanzan otros puertos, intercambian
Oro, frutos, combates, mercancías.

Todo lo compartimos: el martirio,
La sed, el calor y la desesperanza.
Sin embargo no existe entre nosotros
Fraternidad alguna.
Tan sólo la cadena que llevamos
Nos ata en la desgracia.

Uncidos a este potro de tormento,
No hay día sin que alguno se desplome,
Perezca en el suplicio y sea arrojado
Como lastre a las olas.

La muerte de un galeote no conmueve a los otros.
Somos la mula ciega que sin pausa
Hace andar al molino.

Nadie juzgue maldad la indiferencia:
Es envidia al que escapa
De esta prisión flotante, de estos remos
Que acompasan el viaje hacia la Nada.

TIERRA INCÓGNITA

Dice dadá, se hace pipí, suelta pupú,
Teme al guaguá y odia al miau.
Y sin cesar hay que cambiarle pañales.

Tomo el babero.
Le limpio una vez más su boquita.
Espejo de qué enigma sus pobres ojos.
Cuánto dolor del mundo en el inocente
Que por fortuna no se da cuenta de nada…
O eso creemos, al vernos,
Igual que él, de repente, un día.
Nadie está a salvo.

Y nuestro niño en su camino a la inversa
Nació en la tumba para llegar a esta cuna.
Volvió a la semilla.
Perdió en el viaje su inteligencia implacable
Y su ferocidad para burlarse de todo y todos.

Nuestro bebé ultrasenecto
Navegó el río feroz de la vida a contracorriente.
Su victoria es ser de nuevo un recién nacido.
Pero esta vez ha llegado al mundo
En una tierra incógnita que llamamos Alzheimer.

CONTRA EL TIRANO

Escribió un libro entero contra el tirano.
Quinientas páginas
De epigramas hirientes y prosa ácida,
Inflamada por el más noble afán de justicia.

Documentó sus crímenes atroces,
Su poder tenebroso, su corrupción
Y el final desamparo de todo autócrata.

Esperó la condena a muerte,
La tortura, la cárcel o el destierro.
Pero al tirano le fascinó la invectiva.
Nada le agradó tanto como el revés de la trama.
Leyó bajo tanto odio la admiración,
En el tono indignado la voz de un cómplice.

Y lo nombró su secretario perpetuo
Y el redactor de sus edictos monstruosos.

Se parecen, sí, todos se parecen
En el planeta entero, en cualquier época.
Tienen mucho en común,
A semejanza de la pintura rupestre
Y los dibujos infantiles.

Con la soberbia de aspirar a creernos
Sanos, cuerdos, impunes,
Juzgamos estos cuadros «*interesantes*,
Frescos, espontáneos
Y sobre todo ingenuos».

Pero en verdad los preside
Una sabiduría que no alcanzamos a ver.
Llegan de otra caverna que no responde
A la cronología de aquí afuera.
Su extrañeza consiste
En ser lo más natural:
La defensa propia
Contra la vida que les hizo daño
Y terminó por encerrarlos.

Para quienes pintaron estas obras
Somos también pacientes impacientes,
Internos, reos
En otra institución no amurallada
Pero igual de opresiva
Con sus segregaciones implacables.

Pregunta el director: «¿Verdad que el arte
Tiene grandes valores terapéuticos?...
¿No quisiera usted hablar con los artistas?
La entrada no está prohibida.
Puede pasar cuando quiera.
Lo que no podrá nunca
Es salir de nuevo».

LA ESTATUA VIVA

Todos le piden que se vaya de aquí.
Ya se cansaron de mirarlo.
Primero fue el aplauso
Y esta admiración
Se traducía en incesantes monedas.

Más tarde sobrevino la costumbre
Y después llegó el tedio,
Seguido por el hartazgo
Y las ganas plurales de eliminarlo.

Tiene su arte la inmovilidad,
El dar a un cuerpo humano la apariencia del mármol.
Se necesitan fuerza y adiestramiento
Y mucha resistencia para no buscar aire.
(Trate de mantenerse inmóvil por un minuto
Sin que se note la respiración
Ni se produzca el más veloz parpadeo.)

En su cuerpo azotaron las tempestades
Y él no alteró la pose estatuaria.
Es el Discóbolo en trance
De disparar un brutal proyectil
Destinado a no volar nunca.

Sin embargo, señores, no puede más.
Quiere irse con su mármol a otra parte.
El gran problema es que ya no puede moverse:
A fuerza de imitar a las estatuas
Se ha convertido en piedra como ellas.

LAMENTO DE POL POT EN SU LECHO DE MUERTE

Intenté hacer el bien, propagar la bondad,
Sembrar la justicia, hacer la dicha de todos.

Con tan noble propósito engañé,
Asesiné, encarcelé, torturé, oprimí.
Yo que era compasivo y solidario
Me convertí en uno más de los monstruos.

Ahora sólo puedo pedir perdón.
Y es en vano: los muertos no resucitan,
Las heridas nunca se curan.

Así al buscar la luz y la verdad
Aumenté con la suma de mis crímenes
El plural sufrimiento de este mundo.

La niña autista ¿es feliz
O lo parece desde mi extranjería?

Fuera de lo que tiene no quiere nada:
Sus cubitos de plástico, sus móviles
Y la canción del viento en los metales.

«238 vino ayer», me susurra.
«No encontró a 424
Porque estaba en la tierra de los miles…
El cubito que habla se llama miércoles
Y te quiere decir que no te quiere.»

Poema del silencio su discurso,
Discurso del silencio su poema.
¿Qué traduzco
Si no tengo la clave?

Para nosotros la ambición,
La envidia, la angustia,
El miedo al sufrimiento y a la muerte,
La conciencia del Mal,
El terror de todo.

Para ella,
En su presente eterno,
Sólo números.

Sabe oír
Lo que hojas de metal dicen al viento
Y cuanto piensan cubos de colores.

No resisto un segundo más.
Carezco de respuestas y aun de preguntas.

La niña autista
En silencio me dice adiós,

Escucha el aire cuando abraza al móvil,
Vuelve a ordenar sus cubos de colores.

Y parece feliz:
No quiere nada.

LA JAULA DE LOS MONOS

Al mono primordial lo llevas dentro y oculto,
Pero con gran frecuencia se te escapa
Y se muestra rampante
En sitios y ocasiones indeseables.

Y cómo aúlla, grita y gesticula
Cuando algo le disgusta.
O cómo se diría casi humano
Cuando una acción ajena lo entristece.

A fuerza de luchar por tantos años,
Ser uno para el otro en pugna siempre,
Ya se volvieron algo indisoluble.

Ahora es el simio quien te lleva dentro
En lo que fue ciudad y por obra nuestra
Se ha convertido en jaula de los monos.

RAP DEL SALMÓN

Vuelvo a la poza en que nací
Y tengo al mundo contra mí.

Navego oleajes, venzo tormentas.
Las que me esperan serán más cruentas.

Tantas feroces navegaciones
Y yo no cuento: somos billones.

Qué esfuerzo inútil: cada minuto
Pienso en la cuna, para mi luto.

Arde y me quema el agua salada.
Y la que es dulce me sabe helada.

Al remontarla a contracorriente
Veo la ribera llena de gente.

Son mis verdugos, los pescadores.
Lanzan anzuelos torturadores.

Si no me atrapan hombres odiosos
Caigo en las fauces de crueles osos.

Roto y exhausto, muy malherido,
Llego a la poza que es meta y nido.

Sufro martirio y tribulaciones
Para que existan otros salmones.

Cumplí mi sino: he multiplicado
La guerra inútil: todo ha acabado.

No habrá odisea de vuelta al mar
Pero otra vida va a comenzar.

Lo más terrible es que aún me toca
Ser la comida que entra en tu boca.

EL MENDIGO DE PALMA

No hay en el mundo nadie más altivo
Que el mendigo
De las calles de Palma.

Con qué arrogancia implora caridad,
Con qué hiriente desprecio la recibe
Y en vez de dar las gracias por la limosna
Rezonga maldiciones, vomita odio,
Escupe fuego contra la injusticia.

Cuán consumado su arte del desdén,
Cómo logra
Que nos sintamos culpables
Por no estar
En su cubil de ratas ni a la altura
De sus harapos y su mugre.

Con qué ferocidad tiende la mano,
Nido de nudos, cicatriz de rabia,
Pared roñosa,
Grietas, cuarteaduras
De un rencor milenario,
Árbol talado
Repleto de inscripciones indescifrables.

«Yo soy la vida real, la verdad verdadera»,
Parece que nos dice con su silencio.
«Fuera de mí todo es
Impostura, mentira, fraude,
Hipocresía y disfraz para encubrir
La desnudez del alma y el vacío
Alojado en sus mentes de hormiguero.

»Ustedes deberían pedirme perdón
Por estorbarme el sol y afear el paisaje
Con su imbécil presencia de antropoides.
Admito que supliquen mi compasión
Pero no me rebajo a tolerarlos
Ni acepto que me laman los zapatos.

»Soy el emperador de la inmundicia.
Mi Roma es el jardín de la basura.
En mi abyecto palacio ustedes son
Bárbaros despreciables, invasores
De mi imperio en jirones,
Mi planeta en proceso de hacerse polvo.»

Qué soberbia tan grande, qué orgullo atroz
Demuestra al repetirnos desde su abismo:
«Aunque ustedes lo nieguen soy rey del mundo,
Mi imperio-llaga es la verdad del mundo».

UNA ESTAMPA ROMÁNTICA

Romántica la estampa que por excepción
Se vende barata
En la tienda de antigüedades
Sólo al alcance del gerentariado.

La cartulina de un grosor que hoy parece excesivo,
Las tintas con más de un siglo de ya no usarse,
Violetas adheridas quién sabe cómo,
Vaciadas en un ámbar del pleistoceno.
Ya también es prehistoria la dulce imagen
A la que todo esto sirve de marco
O de urna votiva.

La niña casi a punto de ser muchacha,
Su palidez, su delgadez preanoréxica,
Su piel como de mármol hecho de Luna
(Hubieran dicho los poetas de entonces),
La inmensa cabellera de cortesana o de santa
Y los ojos de lumbre inapagable. Es decir,
El arquetipo de belleza que dominó
Un momento de hace dos siglos: la tísica,
La joven ultrarromántica que muere
«Entre toses y toses»
Y por tanto encarna
(Para los pobladores de aquel ayer tan pasado)
El punto más sublime de la pasión, pues desearla
Es abrazar al mismo tiempo a la amante y la muerte.

Bajo toda belleza existe siempre alguna forma de horror.
En este caso concreto
Quienes romantizaron la tuberculosis
No vieron o se negaron a dejar dicho
Cómo se iban de aquí sus víctimas.

De todas las materias humillantísimas
Que son materia misma de nuestro cuerpo indefenso
La más siniestra es el pus,
La baba proliferante, el gusano líquido
En las fauces abiertas del sepulcro.

El pus insatisfecho con sus drenajes
Brotaba por todas partes,
Ahogaba con criminal ensañamiento a la niña.
Y al espectáculo
Se sumaba el hedor intolerable
Que obligaba a decir a los circunstantes:
«Así debe de oler el mismo infierno».

Mejor no recordar aquella agonía,
Dejar la estampa en su sitio
Y al menos una vez darles las gracias
A los avances de la ciencia médica.

PECADO ORIGINAL

Mientras caía Berlín y Hitler era aplastado
Y el mundo se aterraba ante los campos de muerte,
En la iglesia entre sombras la doctrina
Para hacer la primera comunión
Y refrendar las aguas bautismales
Que nos absolverían, aunque no para siempre,
Del inmenso pecado original: estar vivos.

En pleno genocidio ellos en vez
De aleccionarnos contra el odio
Y prevenirnos contra la crueldad,
Nos enseñaban el terror al sexo:
«Basta mirar con lujuria
A una mujer para que se hunda otro clavo
En el Divino Cuerpo de Cristo.
Cómo sufre en la Cruz Nuestro Redentor
Con los actos terribles de sus hijos.
Pero estos infelices no se imaginan
Qué tormento hallarán en el infierno».

Ninguno de nosotros a los seis años
Sabía qué significa la palabra *lujuria*,
Ni tampoco por qué el haber nacido
Nos iba a sentenciar al martirio eterno:
Pailas de aceite hirviendo,
Cuchillos que al cortar queman,
La sed, el hambre, la ceguera,
El sadismo
De los nazidemonios que castigan
Nuestra innata debilidad,
Los inocentes cuerpos ya condenados
Al sufrimiento, el Mal, la enfermedad, la vejez, la muerte.
Y después el castigo eterno
Por la vida que no pedimos.
Pero antes, en nuestra veloz estación de paso,
Un segundo en la lumbre del placer
Sin conciencia de nada.

Al salir veíamos a las niñas que esperaban su hora
De entrar en el catecismo,
Bien segregadas, del todo
Incomunicables, prohibidas ya desde entonces
Porque en sus cuerpos,
Aun ni siquiera en flor todavía,
Acechaba la tentación y el maligno
Las iba a utilizar como armas contra nosotros
En su *Blitzkrieg* invencible.

De aquella lejanía submarina de abismo,
Agua del tiempo y mar de la memoria,
Rescato el triunfo del demonio, la inmensa dicha
De ver de paso a Tere, a Rosa, a Eugenia, a Susana,
Las futuras bellezas de los entonces impensables años sesenta,
Aquel breve imperio
De la absoluta juventud y el talento.
Pasó muy pronto. Hoy ya es
Como si nunca hubiera existido.

Si viven todavía aquellas niñas de entonces
Estarán a punto
De venir otra vez a decirme adiós en ausencia
Pues se acerca mi hora
De conocer el Auschwitz de las tinieblas.

LA OVEJA REINA
Una antifábula

Apenas sobresalgo de la cerca
Y la oveja me mira desde un orbe
Que jamás será nuestro.

Ogro entre lobos, lobo entre los ogros,
Me teme y me aborrece por sobradas razones.
Pertenezco al sector de los feroces
Y, a diferencia de ella, tengo manos
Capaces de hacer daño y destruir
Por medio de tijeras y cuchillos.

Soy un lacayo más del vil imperio
Que para enriquecerse sin medida
Saquea los recursos de la oveja.
Y a fin de entretener su hambre sin fondo
Secuestra y mata a sus recién nacidos.

La oveja en mi persona halla un ejemplo
De las tristes criaturas sublanares,
Muestra gris, indistinta
De la especie feroz que arruina todo.
Ladrón, torturador, siempre asesino,
Sabandija, alimaña, cáncer, plaga
Ante la oveja reina.

¿Cómo me va a juzgar de otra manera
Un animal que habita en otro mundo
Eternamente víctima del nuestro?
No respondo a su estética, no cumplo
Para nada ninguno de sus cánones.
Ocupo un despreciable último rango
En la masa indistinta de los hombres.

Pecado imperdonable no lucir
Un vellocino que me cubra y me haga
Tan hermoso como ella.
Si camino en dos patas
(Qué grotescas las bestias de dos patas)
Es evidente entonces que he llegado a esquilarla
Y a robarle a sus niños
Con destino a una mesa de glotones.

Nunca faltan ovejas que pregunten
Por qué nuestro hato humano infama siempre
Como «la oveja negra» a quien se aparta
Del tropel que formamos los esclavos.

En la lengua ovejuna
Abundan expresiones que condenan
A los sumisos bípedos cobardes.
Hablan de nuestra abyecta sumisión
Al poder, la crueldad, la moda boba
(Las ovejas no cambian de vestuario).
Desprecian sobre todo a las que van
«Como seres humanos al matadero»...
Y en esto saben bien de lo que hablan.
Si una oveja se sale del redil
Y niega la deriva del rebaño
La definen «persona descarriada».
Pero a las obedientes las infaman
Por su docilidad que acepta todo
A cambio de promesas y esperanzas.

«Son ingenuas y torpes, casi humanas,
Y al precio de torturas sin medida
Tratan de parecerse, siempre en vano,
A modelos de cuerpos que no existen.»

La oveja se impacienta y da a entender:
«Podríamos seguir al infinito.
Por hoy puedes largarte. Es suficiente».

Me despido, me alejo y siento pena
De haberle dado sin afán de daño
Un mal rato a la oveja.

Esta noche la reina no dormirá
Por la furia que sintió al verme.
Y tratará de conciliar el sueño
Contando hombres que saltan de las cercas.

II

COMO SI NADA

EL MAÑANA

A los veinte años nos dijeron: «Hay
Que sacrificarse por el Mañana».

Y ofrendamos la vida en el altar
Del dios que nunca llega.

Me gustaría encontrarme ya al final
Con los viejos maestros de aquel tiempo.

Tendrían que decirme si de verdad
Todo este horror de ahora era el Mañana.

CADALSO

Con las mejores armas a mi alcance
Preparo mi cadalso.

Pongo un clavo
Todos los días y no fallo nunca.

Tendrá su recompensa el gran esfuerzo.
La ejecución será una obra maestra.

Se invita al público
A escoger desde ahora sus lugares.

MORALIDADES

Nuestro pueblo practica la moral
Y hace de cada acto una lección ética.

Aquí nunca enterramos a los muertos.
Los dejamos pudrirse en la plaza pública

Para que esta final humillación
Nos obligue a mirarnos como somos.

PÉNDULO

El obsesivo péndulo,
El tigre que da vueltas a la Nada.

No hay ninguna filosa oscilación
Que no tale un instante de la vida.

Pero sin su constancia y su impaciencia
Nunca hubiéramos sido.

No estaríamos
Aquí frente a su cuenta que se acorta.

LA EXTRAÑEZA

Al nacer ocupamos el sitio de alguien
Y no damos las gracias a quien se ausenta
Para legarnos su inestable espacio.

No sabemos ni cómo ni quién fue
El ser desconocido, en dónde estuvo.

Consideramos algo natural
La extrañeza del mundo, su misterio,
El castigo y alivio de ser mortales,
El terrible milagro de estar vivos.

MEJOR QUE NADIE

Los ríos conocen la soledad mejor que nadie.
Fluyen a solas, van siempre solos, no dan
Tregua a su oficio solitario.

También mejor que nadie saben que al fin
Se unen al mar y acompasan su encuentro
Con la sagacidad de la muerte unánime.

LASTRE

A este día le queda sólo un lastre de luz.
Se dispone a arrojarlo y ascender
Y se demora andando por las ramas.

Al fin se eleva hacia su nunca más
Y cuando se ha deshecho de su arena de sol

Las tinieblas cubren la Tierra.

HISTORIA NATURAL

Acerca de la Luna dice Plinio
Que se alimenta de los mares.

Aunque la ciencia lo haya refutado
Plinio conserva la razón poética.

Insiste en que la Luna, estrella árida,
Se teje con las aguas de los ríos.

Y arde el Sol porque el fuego se mantiene
Con las olas que absorbe del abismo.

MALA SEÑAL

Algo murmura, algo rezonga la noche
Desde la orilla de su poder sin medida.

Mala señal que las tinieblas musiten sombra

Y el agua no responda una sola palabra.

PAN

Eres lo que no miente,
Eres la verdad
Hecha de agua, de sol y tierra.

En ti podemos comer
La materia devoradora.

Al final
Seremos alimento para tu espiga.

MEDITACIÓN DEL AUTOBIÓGRAFO

¿Con cuál ficción me quedo para no ver lo que soy?
¿Qué otra mentira invento para justificar mi vacío?

No importan los testigos ni sus reproches:
La falsificación de mi pasado
Me saldrá tan absurda que acabaré por creérmela.

UNA HOJA

El viento la hizo entrar por la ventana,
Arrugada, en dobleces, yerta.
Una especie de momia vegetal,
Un pergamino ariscado,
Un palimpsesto en que sucesivos otoños
Presentaron su carta de rendición
Ante otros tantos inviernos.
Quise leerla y se deshizo al tocarla.
Polvo somos.

AMANECER EN COATEPEC

Los pájaros que incendian la mañana
No estaban aquí anoche.
Tal vez se abrían camino en las tinieblas
Y como el Sol-jaguar de los aztecas
Absorbían la sangre de los muertos
(Basta leer las noticias)
Para resucitar entre las frondas
Como heraldos dichosos o sombríos
De que la absurda vida sigue intacta
Y nada pudo contra el día la noche.

TENER Y NO TENER

No tiene fin la oscuridad.
No tiene
La sal del mar un día de consuelo.

Pero en cambio la dicha que hoy nos cubre
Tiene los días contados.

DE SOBRA

Al planeta como es
No le hago falta.

Proseguirá sin mí
Como antes pudo
Existir en mi ausencia.

No me invitó a llegar
Y ahora me exige
Que me vaya en silencio.

Nada le importa mi insignificancia.
Salgo sobrando porque todo es suyo.

INFINITO RAMAJE

Infinito ramaje:
Voy por la selva
De los hechos que no me dejan ver la caverna,
El túnel donde se agolpa la oscuridad.

Y al final de todo
No hay luz ni lumbre:
Sólo otra selva sin nombre.

DIGO

Digo,
Como si decir algo fuera capaz
De hacerlo aparecer entre la sombra del sol,
Resonancia del día sin nombre.

Digo,
Y se va el decir
En la corriente que no vuelve.

Cuando menos conjuro la mudez,
Dejo una raya en la pared de nadie,
Un verso de aire en el agua.

SALAMANCA: UN ÁNGULO DEL TORMES

Diafanidad
Repentina en la tarde opaca.
Último sol
Minutos antes de que lo humille la sombra.

¿Qué será de estos árboles
Cuando no pueda verlos
El día que se ha marchado para siempre?

EN LA CIUDAD DE LOS PLACERES

«Soy limpio, noble y bueno.
Soy puro
Y me propongo salvarlos.
No dejaré que vayan a enfangarse
En la ciudad de los placeres.»

Se creyó su mentira, puso la bomba
Y voló el tren y convirtió en pedazos sangrantes
A sus quinientos pasajeros.

VERY STRANGE AND SINISTER COUNTRY

I hate Mexico.
GRAHAM GREENE,
Ways of Scape

Para evitar extensas discusiones
Me limito a dos líneas de Aldous Huxley.
Resumió cuanto piensan quienes nos ven en inglés
En la tarjeta postal —el *e-mail* de entonces—
Dirigida a Ottoline Morrell:

Very strange and sinister country
And dark, savage people.

NOCTURNO DE VIENA

Mientras que con pasión de anticuario ilícito
—No hablo el idioma— exploraba el fin
Del imperio austro-húngaro,
Otros imperios
Se derrumbaban a mi lado.

Absorto en el esplendor
De Viena al borde de su atroz abismo,
No alcancé a percibir el pozo de sombra
En que se hundió con mi propia época
Todo el mundo que me rodeaba.

En realidad mis obras predilectas
Son las inconfensables que distinguen
Entre buenos y malos sin matices.

Reconforta pensar: Estoy del lado
Del bien y la justicia y al final
Encontrarán castigo los villanos.

Ya que en el mundo nada de esto ocurre
Me acojo a la ilusión por un instante:
La verdad es dolorosa y no la acepto.

NATURALEZA MUERTA: CASA Y CAZA

En la casa de Ofelia hallé la mesa puesta.

No la arreglaron para festejarme
Ni era un convite para nuestra boda.

Ofelia se disponía a pintar
Otra naturaleza muerta

Y en ese drama inmóvil iba a incluirme
En el papel de liebre recién cazada.

RAZÓN DEL MUNDO

Tras muchos años de preparación
Por fin me fue concedido
Visitar en su gruta del Monte Impávido
Al gurú que controla miles de vidas.

Subí temblando hasta el lugar sagrado.
Al escuchar sonidos gurugales
Me acerqué reverente a preguntarle
La razón de este mundo,
El objeto inasible de estar vivos.

Mi gurú dijo: «Mu».
Y entendí todo.

DE AQUEL AÑO INVIVIBLE

De aquel año invivible,
Mil novecientos nada y cuántos,
Han transcurrido ochenta siglos o más.

Sin embargo en diez mil y cero a la izquierda
Seguimos unidos
En la tarea insensata y gozosa y vana
De echar abajo el Everest con una piedra afilada.

LA MAYORÍA DE EDAD

La mayoría de edad
No se alcanza por fecha de nacimiento
Ni consta en los archivos oficiales.

Nos graduamos de adultos nada más
Cuando alguien nos deja.

En plena juventud llega de pronto
El sabor de la muerte.

EL VIENTO DE ESTA NOCHE

El viento de esta noche no se apiada de mí.
Se limita a envolverme.

En la frialdad sin tacto de su abrazo
No quisiera observar críticamente
Intolerancia, sólo indiferencia.

Al viento no le importa quién está aquí
Ni sabe adónde va ni cómo se apresura
A hundirse en ese cuerpo que jamás
Podrá ser suyo ni de nadie nunca.

EN LA NOCHE DE TODOS

En la noche de todos algo mío nada más:
La visión perfecta
De tu cara en un instante de luz
Como nadie te ha visto ni te verá.

Por desgracia se llama instante
A lo que no regresa.

Debería ser perpetua esa visión,
Debería
Iluminarnos para siempre.

LA MODA BOBA

La moda boba que incomoda la imagen
A la vuelta de pocos años.

La época se convierte en lengua extranjera.
Los de aquí y los de ahora
No pueden entenderla o ya no quieren.

Para ellos habría que traducir
A la nueva belleza la de entonces.

RUIDO

Los grillos se alimentan de oscuridad.
Nadie sabe
De qué se trata su rumor incesante.

Acaso se interrogan sobre otro enigma:
Qué pretendemos decirnos
Con el ruido de nuestras bocas.

AMISTAD

Let's become strangers again.
D. H. LAWRENCE a
BERTRAND RUSSELL

No lo tomes a ofensa: Ya me voy.
Ya nunca más conversaremos. Termina
Un vínculo tan frágil como el amor: la amistad
Que nunca es un proceso sino un instante.

Y nada te reprocho. Te agradezco
Lo que aprendí, lo que debo.
Jamás traicionaré esa memoria.

Por desgracia el viaje en común
Llegó hasta aquí y cada uno
Baja del Metro en la estación que le toca.

EN EL CAMIÓN DE LA BASURA

En el camión de la basura todo se va:
Los objetos inútiles, los envases de plástico,
Las ruinas de la vida, los tributos desiertos
Pagados a la muerte de los días,
Los papeles, las cartas que ya nunca
Volverán a escribirse
Y las fotos de ayer.

Todo lo nuestro está hecho
Para acabar en la basura.

GUIJARRO

El guijarro pulido por el mar tal vez fue
Una punta de flecha que se clavó
En la presa y el enemigo.

Siglos de olas, siglos como olas
Le han devuelto la forma de simple piedra.

¿Será la Tierra
Un guijarro tallado por otro mar
En el gran universo incomprensible?

EL VENCEDOR

El primer hombre al que maté
Cayó en Tolemaida.
Trató de protegerse con el escudo
Pero mi lanza fue más rápida.

Se tambaleó, vomitó sangre
Y me miró,
Me miró en silencio.

Me dejó a solas con mi triunfo y su muerte.

PREGUNTAS

Total misterio a cada instante la vida.
¿Quién soy, para qué estoy aquí,
Qué va a pasar de ahora en adelante conmigo?

No lo sé,
Nunca lo sabré.
Vivir
Es encarnar esta ignorancia sin fondo.

COMO LA LLUVIA

Dos mil años después de que el Vesubio
Sepultó entre cenizas a Pompeya
Encontraron un muro en que estaba escrito:

Nada es eterno.
Brillan los soles y en el mar se hunden.
Arde la Luna y se desvanece más tarde.
La pasión de amor
Se termina también
Como la lluvia.

Al tercer día de copiado el grafito
El yeso en que lo inscribieron se vino abajo.

Se acabaron los versos
Como la lluvia.

Fundaciones

Cuando se funda una ciudad
Lo primero que erigen
Son los lugares del poder:
El palacio, la sede del comercio,
El mercado, la iglesia, los cuarteles,
El tribunal, la cárcel y el patíbulo.
En seguida levantan
El burdel, el panteón y el matadero.

Papeles

No actué mal
Mi papel de bufón didáctico.
Al menos no aburrí a la concurrencia
Y obtuve algunos aplausos.

Con el pago podré escribir.
Lo difícil
Será mirarme al espejo.

Chopin: la polonesa militar

Todo cayó. Quedaron reducidas
A escombros las ciudades,
A hierba los ejércitos,
A polvo los imperios.

Sólo el fluir del piano permanece.

Cortesía

Qué amable el ogro.
Con su garra impune
Me destrozó la cara.
Después de cercenarme la yugular
Le dijo a mi cadáver:
«Perdóneme».

De mis hermanos muertos

De mis hermanos muertos
No sabré nunca nada.

En cierto modo les gané:
Estoy vivo.

Fui Caín sin saberlo.

Posteridad

Dile a quien te lo dijo que en los sepulcros no hay paz.
Sigue la misma lucha y todo es discordia,
Hasta que el tiempo quiere.
Luego el olvido
Lo pone de verdad ya todo en calma.

Las discusiones bizantinas

Mientras reñían los teólogos sobre cuántos
Ángeles del Señor caben reunidos
En la punta de un alfiler que está a la vista de todos,
Los microbios y virus del Demonio
Ocupaban la punta sin discusiones.

El Sol

Hemos pasado juntos la vida entera
Y el Sol
Jamás me ha dirigido la palabra.

Me vio nacer y me verá morir,
Pero me observa siempre en ominoso silencio.

Cuánta mudez
Del universo que me desampara.

El año pasado

Pasó por mí el año pasado.
Pasé a través de él como si fuera un fantasma.
Pasó por aquí sin vernos.
A su paso dejó más muertos
Y fue a morir entre los otros pasados.

Palinodia

Me arrepiento de todo lo que dije
Y de cuanto callé.
Pido perdón al silencio.
Lamento haber interrumpido la Nada.

Después

Para nosotros sólo existe el después.
El instante se va,
Se fue
Y nada pudo asirlo.

Todo es jamás para siempre.

«Amor» en japonés

«Amor» en japonés se dice *ai*,
Me comentan.
Y suena como *ay*,
Quisiera añadir
Pero no me atrevo.

En Babel

En Babel balbuceo mi lengua bárbara.
Les suena a los asirios como un ladrido,
Blablablá de burbujas en el pantano.

Como si nada

Ya pasó todo
Y ahora
Nos vemos y nos hablamos como si nada,

Como si la Nada
Hubiera devorado lo que ocurrió entre nosotros.

Muros

Por un muro que cae
Otros cincuenta muros se levantan
Para prohibir la entrada o la salida
Y transformar la Tierra en mar de islas.

Cada noche

Noche a noche me vuelvo más pasajero,
Más transeúnte de un ferrocarril
Que sabe adónde va
Y siempre llega a su meta.

El sector vulnerable

No soy Aquiles sino su talón,
No el semidiós ni el héroe sino apenas
El sector vulnerable al que han vencido
La realidad y las mitologías.

Consejera del aire

Cada vez que me creo importante
Llega la mosca y dice:
«No eres nadie».

Encuentro

La luz nace y no sabe adónde va.

Sale siempre a su encuentro el mundo
Que sin ella sería imposible.

Historia

Un milenio empezó con las cruzadas.
El otro con dos cifras: 9/11.

El Mal

Gran enigma es el Mal.

Sobre este punto Dios guarda silencio
Y deja que hable el mundo en todo momento.

La noche

Es inútil creernos hijos del Sol:
Todos llevamos muy adentro la noche.

Andén

Mientras derriban la estación
Me duele el andén
Donde tantas parejas se despidieron
Y no volvieron a verse.

A los poetas griegos

Sí, Cavafis:
Dondequiera que vaya llevaré la ciudad.
Sí, Seféris:
Dondequiera que voy me sigue hiriendo México.

Malos tratos

Estos días me tratan mal.
No perdonan
El que me haya metido en ellos.

Teologías por SMS

El placer de los dioses es hartarse
Con nuestra sangre humana.

A las doce

A las doce termina un mundo.
Lo que hoy pasó
Se convierte en historia antigua.

Quevediana

Mayo se fue
Y junio no ha llegado.
Hoy se está yendo
Y se acabó el pasado.

Pabellón de incurables

Sombrío este teatro del dolor,
La vida cruel, absurda, inexplicable.

Canción

Aún te sigo abrazando en esa canción
Que a veces de repente vuelve a escucharse:
La más cursi, la más vulgar,
La más bella canción del mundo.

Ciudad de México

Paso por el lugar que ya no está,
Me abandono a lo efímero, me voy
Con las piedras que adónde se habrán ido.

Plegaria

Dios que estás en el No
Bendice esta Nada
De la que vengo y a la que regreso.

El fin del mundo

El fin del mundo ya ha durado mucho
Y todo empeora
Pero no se acaba.

LA CAÍDA

El tiempo no es eterno.
Acabará también como el Sol.

Lástima de verdad no estar aquí
Para ver rencorosos la caída
Del intangible inmenso que nos hizo

Y con la misma naturalidad nos deshace.

III

EL MAR NO TIENE DIOSES

CICLOS Y SECUENCIAS

1. *Budín de pan*

En Santiago de Chile el budín de pan
Es mi magdalena de Proust:
En seguida trae a la memoria
A mi abuela Emilia Abreu de Berny.

El budín de pan, los frutos de sartén, la copa nevada,
Los postres emigrantes para endulzar
La vida que es dolor y destierro siempre.
Sabores abolidos que nunca volverán, como ella.

En cambio su otra herencia
No se aleja de mí: el placer
De escuchar y leer y contar historias.
Y las delicias infinitas del verso que,
A semejanza del budín de pan,
Recoge los desechos del día vivido
Y los transforma en otra cosa.

2. *Habla Pablo de Rokha antes de suicidarse*

Átomos enloquecidos que nos hicieron humanos...
P. de R.

—Átomos, gases y bacterias,
Enloquecidos por el caos, llegaron
A producir esta materia que somos,
Corruptible e indestructible.

Porque me muero, te vas, nos vamos,
Se van poco a poco todos,
Jamás habrá otra humanidad
Como la de este día pasajero
Que ya se acabó y se hunde
En la Nada de sus ancestros.

Pero los invisibles constructores
Del Bien y el Mal permanecen
Aquí y allá, en busca de algo,
No saben qué
Y hasta ignoran cómo.

Quizá algún día,
Con los mismos recursos que nos hicieron,
Logren edificar,
Entre intento y error y siglos,
Aquella plenitud que jamás fuimos.

3. *Océanos*

En Santiago estás tú.
Santiago eres tú y estás
Aquí y allá y en Valparaíso,
En todo el Pacífico,
De norte a sur
Y de extremo a extremo de América.

Memoria y geografía
Y algo que designamos como azar o destino,
Nos ciñen a un océano
Que nos permite hablar por última vez
Cuando ya se ha hecho tarde
Y no hay retorno posible.

Porque este mismo océano nos halló en aquel bosque
Donde caía la noche como rompen las olas,
La marea sonaba a fronda y podíamos entrar
En las cuevas secretas de la playa
Para abrazarnos contra el porvenir
Y celebrar nuestra letal juventud.
(Mar adentro flotaba amenazante
La sombra del *Titánic* y no supimos leerla.)

En la región final del hemisferio y la vida,
En los puentes que cruzan el río invisible de sangre
Y sobre la ceniza de los muertos,
Nos volvemos a ver para el nunca más,
Guijarros arrastrados por otro mar:
El mar de la Historia atroz
Que nada tiene de Pacífico.

1. *De los pájaros*

De los pájaros
Que por error se adentran en la cárcel
Se afirma:

Ya no pueden salir,
Vuelan enloquecidos entre las cuatro paredes,
Se estrellan en los muros de concreto
O en las barras de hierro.

Rechazan la prisión y eligen siempre
Esa pena de muerte.

2. *Pájaro maya en arcilla*

El artesano que esculpió este pájaro
Supo juntar el cielo con el suelo.

Voló la tierra inerte entre sus manos.
Ascendieron las nubes a su arcilla.

No pensó en que era arte la oración
Ni que siglos después y en otro mundo
Alguien iba a elogiar sus perfecciones.

En su lengua no había
Vocablos para firmas ni contratos,

Publicidad o éxito,
Exposiciones, premios ni bienales.

Su vuelo ahora se burla
De tanta vanidad que se hará polvo.

3. *Un ave de las selvas tropicales*

Va a desaparecer y es tan hermosa
El ave de la selva.

En su cuerpo radiante puso el Sol
Un amarillo que es de fuego y oro.

Árboles milenarios le imprimieron
Su más intenso verde. Y el azul

Del firmamento herido se combina
Con el rojo de sangre derramada.

El ave que se va se lleva entera
A la naturaleza que matamos.

4. *La rebelión solitaria*

Es un loro muy digno: se niega a hablar,
No quiere ser nuestro payaso.

Jamás descenderá al acto servil
De repetir lo que no entiende.

Hace bastante el loro en cautiverio
Con redimir la casa y dar color
A la grisura de la vida.

Bajo su luz nos mira desafiante
Para decirnos sólo con los ojos:
«Su charla me parece a tal punto imbécil
Que en un acto de justa rebeldía
Jamás voy a sumarme al parloteo».

5. *Sombra en la nieve*

Nada tiene que ver este jarrón
En que sollozan las begonias
Con la sombra del ave, alada huella
Que no hace surco en la nieve.

Nada en común sino ser parte del mundo,
Apariencia por un instante
De la fluidez en lucha con la fijeza.

Pero el lenguaje resuelve
La desunión, la discordia.

Y en el verso reúne las tristes flores
Con la sombra fugaz del ave.

6. *A manera de contienda*

> Pues si discurrimos por las aves y sus menudas enemistades, bien afirmaremos ser todas las cosas creadas a manera de contienda.
>
> FERNANDO DE ROJAS,
> Prólogo de 1502 a *La Celestina*

En la playa de niebla, entre las rocas,
Vi algo
Que no quisiera haber visto.
Un desengaño más, nueva derrota
De la inocencia herida por la verdad,
Amarga base del mundo.

La gaviota purísima en su altura,
La frágil emisaria que concilia
El mar radiante con la oscura Tierra,
Había bajado a este planeta de sangre
Y devoraba viva a una paloma.

Con avidez de buitre hendía y rasgaba.
Me lanzó una mirada oblicua
Para burlarse y decirme:

«Creías que no era como tú, igual que tú,
Maquinaria de muerte, plaga, alfil
De la incesante matanza.

»Mira lo que hago con lo que piensas de mí.
Mírate en mí y no presumas.»

1. *Mar adentro*

¿Quién soy, qué soy, dónde estoy?
Me hallo aquí
Ante el espejo y sus metamorfosis.
El primer espejo y el último,
El mismo observado
En cuanto fui capaz de ponerme de pie
Y mirarme y mirarlo todo.

Qué grave error conservar
Estos objetos de otro mundo.
No admitir que todo se va
Y así nos vamos con las cosas.

Ya que el sangriento siglo fluyó
Entre nosotros dos como el ciclón o el incendio
Ahora no veo en el espejo
Sino el abismo que avanza.

Bajo su mar adentro en tinieblas
Han de estar haciéndose sombra
Los sucesivos seres que encarnaron en mí,
Los efímeros,

Mientras se adentran en su propia edad,
Su propiedad: la era de las sombras.

2. *El desierto de azogue*

¿Qué hará el espejo cuando no lo vemos?

Tal vez se limpia de la realidad
En el opaco abismo de su azogue.

O sueña en haber roto la condena
De reflejar lo que no quiere.

A solas el espejo se rebela
Y anula las imágenes guardadas

En el pozo sin fin donde se ahoga
Su lado oscuro.

Y para ya no verse
Se abisma y muere en el desierto helado.

1. *Amanecer*

Pronto serán las seis y el mar no está.

En ausencia de su enemigo
La playa se ha extendido
Por un jardín de piedra casi asfixiado
En la maleza de las algas.

No hay peces.
Ni siquiera las aves se aproximan.
Los cangrejos dominan el planeta.

En ese instante ajeno
Nace el día.

2. *La balanza de la justicia*

El festín en la isla…
Y él lo miraba todo sin probar nada.
Le daban pena los cangrejos,
Centenares echados vivos al infierno del agua hirviendo.

«No seas así», le dijo la muchacha.
«No sabes
De qué inmenso placer te estás perdiendo.
La carne de cangrejo es la mayor delicia del mundo.

»Si te parece injusto,
No te preocupes.
Al navegar de regreso
Vamos a ahogarnos.
Y entonces ellos se encargarán de nosotros.»

3. *A sabiendas*

Toda la noche escribe el cangrejo en la arena húmeda
El poema infinito de los mares.

Lo hace aunque sabe que al atardecer
Vendrán las olas a borrar su escritura.

1. *El comienzo o el fin*

En la mesa de noche
Ruido tenue y constante.
Al indagar encuentro que se origina
En la lata de Coca-Cola.

No escucho en su oquedad aquel rumor
Del mar que dura siempre,
Sino un caer de gotas sobre un manto de lava
O hervor de plomo al fundirse
En un crisol del infierno.
O tal vez lo que suena son las garras
De seres invisibles. En su intento
De romper la prisión
Golpean en vano
Los muros de aluminio.
El gas carbónico
Produce un burbujeo parecido
Al que debió sonar en el primer nacimiento.

Esta cárcel también es un abismo
Y en su interior puedo oír
Lo que todos llevamos en la memoria genética:
El mundo está empezando allá en los pantanos,
Las marismas cubren la Tierra,
Brotan del agua las primeras formas de vida.

Pasan millones de años de caos y horror
Y uno de esos fungoides o protozoarios
Cubre un proceso inmenso de evolución

Y una noche asiste asombrado
Al comienzo del mundo o el fin de todo
En la lata de Coca-Cola.

2. *Las cinco*

El Sol, antes de irse, luz de las cinco,
Quiere pintarlo todo de confusión
Y me sermonea:
«Se va un día más
En el que no cumpliste con tu deber.
Dejaste todo
Para un mañana lleno de nunca.
Todo se frustra.
Nada se ajusta a la esperanza.
Y en cuanto caiga la noche
Te quedarás a solas con el futuro imperfecto».

3. *Las enseñanzas del zancudo*

> Como en otras zonas del español, en México el zancudo es el mosquito, pero es sobre todo el insecto, parecido a él aunque de mucho mayor tamaño, que en inglés llaman *daddy long legs* y *dragonfly.* Aquí nadie emplea su verdadero nombre: típula.
>
> Julián Hernández,
> *Breves apuntes sobre el español hablado en México* (1952)

Entra bajo el calor, mide mi cuarto.
Su torpe vuelo no produce ruido.
Da vueltas por la lámpara.
No se atreve a inmolarse.
Pegado a la pared se queda inmóvil.
Se limita a observarme y a temerme.
Se resigna a morir, triste, seguro
De que voy a aplastarlo.
Su pasiva fijeza es un misterio:
Está retando al mundo y a lo humano.

El anticolibrí, muestra irrisoria
Del total desamparo,
Sin duda es (como yo) lento, antiestético.
Pero no dice: «Apiádate».
Odia la compasión. A su manera
Es valiente entre los valientes.
Otros dirán: «Imbécil.
Puede escapar: hay puertas y ventanas».

No voy a destruir a un inocente.
¿Quiero ostentar misericordia altiva?
¿O estoy paralizado como él,
Incapaz de aceptar su desafío?

El zancudo me dicta sin quererlo
Su lección indeseable:
«Si aún sigues aquí
No es por tu mérito.
Se trata nada más de que hasta ahora
Alguien ha decidido perdonarte».

4. *A la orilla*

Como otro océano la vida
Deja a la orilla del no volver
La confusión de las cosas.
¿Por qué
No me deshice a tiempo de su presencia?
Hoy con sólo mirarlas duelen,
Dicen lo que sería mejor guardar en silencio.

5. *A solas*

Entre la puerta y la ventana hay más
Cosas de las que puedo percatarme.

No me refiero a espectros ni a deidades
Ni tampoco a las sombras y sonidos
Que perciben los gatos y los perros.
(Es evidente al ver cómo reaccionan
Que se hallan en presencia de algo inasible
Para nuestros sentidos inferiores.)

Hablo de aquellas ondas que entrechocan
En pleno intento de comunicarse.
No tengo receptor para captarlas.
Hoy nada más intuyo cómo cruzan
Voces en los teléfonos, emisiones
De radio, teleimágenes,
Mensajes de Internet y todo aquello
Que recogen y emiten los satélites,
Lazos que han de anudarse en algún sitio
Y presencias ausentes implacables.

Por fortuna carezco de importancia
Para ser vigilado. En este caso
Se añadirían al caudal de infamias
Microchips, minicámaras ocultas
Y otros nanoinstrumentos de espionaje.

Más absurdo y estruendo, más terror
Para este mundo hueco en que ya nadie
Conocerá el placer de estar a solas.

6. *Las casas y las cosas*

No nada más los ruidos de la noche
Ni la pasión feroz por ocultarse
(Cuando más hacen falta) que demuestra
El rencor al acecho en los objetos:
Todo lo inanimado tiene vida.

También se van con nosotros
Las casas y las cosas, breves mundos
En que nacen y mueren nuestros días.

El cuarto en que he gastado año tras año
No es el mismo de siempre.
Desde el punto de vista del ahora
Fue un país extranjero, exilio inmóvil
En otro tiempo con distinto aspecto.

No puedo recordarlo en sus ayeres,
Tampoco imaginarlo cuando no esté
En él para seguir con nuestros cambios.

1. *El misterio del odio*

Nadie logra explicarme la razón
De mi aborrecimiento sin fronteras
Contra el hecho
De que el Sol reaparezca cuando ha llovido.
Lo abomino como algo traicionero, insultante.

No hay justificación pero no puedo
Evitar que me indigne sin medida
Algo tan natural e inevitable.

Así es de misterioso y cruel nuestro odio.

2. *Minoría*

Amo los días nublados (los detesta,
Al parecer, la humanidad entera).
No me siento
Superior a ninguno.
No pretendo
Imponerles mi gusto a otras personas.

En consecuencia no le exijo a nadie
El acuerdo conmigo.
Y no aspiro a que nadie me celebre,
Me apruebe o me comprenda.

Ya es bastante
Ser tolerado entre la procesión
Del rebaño del Sol
Que adoran todos.

3. *Un espejismo de la lluvia*

Se ha disuelto el granizo que hace poco
Sembró un valle lunar o una pradera de Groenlandia
En la calle tristísima anegada
Por la basura y la violencia.

Mortandad del granizo que era piedra
Y ahora vuelve a ser agua.

Ya no hay jardín de hielo.
Todo fue
Un espejismo de la lluvia.

4. *El cielo tan azul*

El cielo tan azul de esta mañana no muestra
Las cicatrices del relámpago.
Está sin polvo ni humo. Parece un lago de viento
Antes de que llegáramos a hundir y matar el aire y el agua
Con la basura que es nuestra marca de fábrica.

La tempestad de anoche no lavó el mundo.
Así lo creímos
Hasta que vino a manchar lo inmaculado de todo
La turbia estela venenosa del yet sin el cual
El mundo de este ahora sería imposible.

5. *La Luna rota*

Nevó toda la noche de plenilunio y al despertar
Y ver el bosque hundido en la nieve
Parece irreal
Que ya amanezca y aún siga intacta la Luna
Si ha caído en pedazos para llenar de blanco este día.

FORMAS DEL MAR

1. *Las nubes y las olas*

Para qué la infinita variedad
De las formas en este mínimo fragmento
Del mundo inabarcable:

Las que asumen las rocas desde cuándo,
Los trazos rencorosos de los árboles,
Las que arrojan los mares en la playa,
Las nubes y las olas nunca iguales,
Las figuras humanas
Que pasan por aquí sin mirar nada.

Para qué tantas caras diferentes,
Tantos destinos únicos que rara vez se entrecruzan,
Tantos días jamás intercambiables
Porque ninguno se parece a otro.

2. *Muelle*

Desde aquí lanzo al mar un leve guijarro
Que se pierde en el lecho de arena y limo.
Nadie lo encontrará bajo este magma
    En donde acaba todo.

No hay justificación de mi arrogancia
Al hacer un poema como si fuera importante.
Y desde el muelle sin esperanza arrojarlo
    Al abismo sin fondo.

3. *La casa que destruyó el huracán*

La casa que destruyó el huracán
Fue por muy breve tiempo mi casa.
Estaba al borde del mar,
No a la orilla: sobre él, desafiándolo.

Gran temor para el niño aquel mar nocturno,
Mancha inquieta de tinta indescifrable.
En contraste
La mañana radiante, el agua diáfana.
Felicidad sentirse en él, dentro de él,
Parte de él, explorándolo.

Pero de pronto el viento transformaba la dicha
En furia, en odio, en desprecio.

No podía vernos la potestad cambiante iracunda.
Nos echó de la casa
Y terminó por destruirla.

4. *Barco fantasma*

A siete millas a estribor de las islas de Barlovento
Divisaron un barco extraño.
No respondió a las señales.
Botaron una lancha, fueron a él
Y lo hallaron desierto o abandonado.
Nadie en cubierta, nadie en las cabinas
Ni en el puente de mando ni en la bodega.

Volvieron a su nave y con gran asombro
Lo encontraron también sin nadie.
Era un barco fantasma el que fue suyo,
Espectros ellos mismos.

En cambio el otro
Se echó a andar con buen viento,
Lleno de gente.

5. *El mar no tiene dioses*

> El mar no tiene dioses.
> PROPERCIO

El mar no tiene dioses porque el mar
Es más vasto y antiguo que la Tierra.

Es comienzo de todo y por eso mismo
Acaba de nacer en este instante.

El rumor de las olas en la arena
Es su primer sollozo.

El mar está llorando por nosotros.

1. *La herencia de odio*

Entre las grietas del muro,
Venido a menos que abajo,
Los escorpiones riñen en familia
Y disputan su herencia de odio.

¿Qué aguijón tendrá el privilegio
Del veneno de gran alcurnia
Que escorpionice al malherido?

2. *Quién no*

Al levantar el piso destruí sin quererlo
El nido de las víboras impunes.

Se irguieron rencorosas para matarme.
Sus lenguas silabearon la maldición
De una violencia que está inscrita a ciegas
En la trama del mundo.

Sentí miedo, quién no,
Jamás asombro:
De verdad no esperaba
Que fueran a cantar mis alabanzas.

1. *Posesión*

«Te hice mía»,
Le dije al agua de lluvia.
Y el agua
Se rio de mí
Y se me fue entre los dedos.

2. *Avidez*

«Esta frágil belleza no durará»,
Dice la tierra seca a la gota de agua.

3. *Fracaso*

Miseria,
Incurable miseria de la poesía:

Intentar un poema que describa
A qué sabe el sabor del agua.

4. *El lago de plomo*

La tarde está dormida con los ojos abiertos.
El calor
Circula por su cuerpo como oleaje invisible.

No volverán el viento ni la lluvia
Y ya pronto caerá la noche
Tan sólo para ahogarse en este lago de plomo.

5. *Desierto*

Los bosques naufragaron bajo el océano de arena.
Del río sobreviven nada más unas piedras.
Y estremece pensar que esta desolación sin retorno
Es sólo un anticipo
De qué será la Tierra si todo sigue
Por donde va, por donde vamos:
A esto.

1. *De las guerras perdidas*

Poco a poco y sin pausa
En las fotos de entonces nos van cercando los muertos.
Indetenibles avanzan
Contra la minoría oprimida
De los sobrevivientes
(¿Por cuánto tiempo?)

Cada vez son más
Y ahora nos miran como a extraños.
Reprochan el olvido y la ingratitud.
Son para siempre jóvenes. Se burlan
De la caricatura que ya somos.
Sienten alivio porque se salvaron
De todos los horrores que han pasado en su ausencia.

Para quienes seguimos todavía aquí
No hay esperanza:

Ellos siempre ganan la guerra.

2. *Aduana*

«¿Qué traes?», pregunta,
Con arrogancia de todopoderosa, la Muerte.
Y le respondo humilde:
«No traigo nada.
Dejo atrás lo que tuve,
Como usted ordena».

3. *Bajo este invierno*

Bajo este invierno me he encontrado por fin
Al anciano que iba a ser yo.
Me esperaba desde hace siglos.
Aguardé su llegada desde temprano
Pero fue una sorpresa vernos.

No hay más remedio:
Le cedo mi lugar o lo toma a fuerza.
De hoy en adelante él será yo.
Mi antiguo ser ahora ya es su fantasma.

4. *Mis tristes capitanes*

One by one they appear in
the darkness; a few friends,
and a few with historical names.
Thom Gunn,
«My Sad Captains»

Desde su antiguo brillo todos se fueron apagando.

Los conocí en su altiva plenitud.
Más tarde sin quererlo comprobé

Cuán terrible se vuelve sin excepción
El final lento o rápido de todos.

Contra esto no hay ni puede haber resistencia.

Antes me preocupaba por la muerte.
Ahora sólo me importa cómo voy a morir.

5. *La hora de todos*

«Hija mía»,
Le dice a la Vejez su cruel madrastra la Vida:
«Sírveme otro platito de esta carne
Que has macerado con arte.
Vamos a disfrutarla antes que venga
Mi rival a quitármela».

6. *En la estación final*

En la estación final todas las cosas muestran
Su virtud de cambiar, no de permanecer.
Todo se viene abajo y se despide.
Nos dice el mundo: «Ya no eres de aquí,
No te reconocemos como nuestro.
Lo que creíste tuyo era sólo un préstamo.
Ahora mismo
Tienes que devolverlo».

7. *«Ubi sunt»*

No lo merezco, no, ni me resigno,
Y me pregunto por qué me han hecho esto las personas
Que fueron para mí lo que llamamos nuestra vida.

Con su ausencia me exponen al ridículo
De repetir por siempre el estribillo:
¿Dónde están?
¿Qué se hicieron?

8. *Ya que cada momento*

El áspero tesoro
De la vejez
Al fin conquistado
(Y a qué precio).

Pero tesoro al fin
Ya que cada momento
Vale más que ninguno anterior
Porque se sabe último.

9. *Recoger los pasos*

Una noche en mi infancia me llamó la atención
Escuchar que los muertos regresan siempre
A recoger sus pasos,
Las huellas invisibles que dispersaron
Por la tierra de todos, la que al final
Se convierte en tierra de nadie.

Cuando yo salga a recoger mis pasos
No importarán ausencias ni distancias,
Se fundirán los tiempos con los espacios,
Habré alcanzado al fin la levedad,
La ligereza de los pies del muerto.

ALONSO CAÑEDO: LA LENGUA DE CERVANTES

Once poemas dementes

Lo hallaron muerto frente al Hôtel Lambert en la calle de Saint-Louis-en-l'Île el 30 de mayo de 2006. Tenía un pasaporte a nombre de Luis Antonio Llorente. También se hizo llamar Héctor Ripoll, Francisco Flores Garzón, Alonso Cañedo. Pero rechazó nombre y apellido y quiso que lo conociéramos nada más como El Poeta Loco.

Roberto Bolaño lo designó así por la reseña que publicó Cañedo en el único número de la revista *Hircania* (agosto de 1976) contra el libro *Psicoanálisis de la poesía.* En sus páginas la doctora Miriam Ferrán-Rosenbaut consideró la actividad poética una forma benigna de demencia. El artículo estaba encabezado por dos epígrafes:

> *Todos los poetas están locos.*
> Miriam Ferrán-Rosenbaut,
> *Psicoanálisis de la poesía*

> *Todos los psicoanalistas están locos.*
> El Poeta Loco,
> *Psicoanálisis del psicoanálisis*

Acababa de exiliarse en México desde un lugar de Centroamérica al que nunca quiso identificar. Se fue de aquí en 1979 muy resentido con el país y con sus habitantes. A partir de 1981 vivió en Francia gracias a un documento que lo identificaba como corresponsal de *Sucesos para Todos*, publicación desaparecida muchos años atrás. Nadie sabe cómo pudo sobrevivir tanto tiempo en París. Entre 2001 y 2004 estuvo en Londres como redactor de una enciclopedia electrónica que intentó en vano ser el equivalente en lengua española de la Wikipedia. Fue su única temporada de relativa prosperidad. Al fracasar el proyecto volvió a la capital francesa.

Ninguna revista quiso publicarle poemas firmados por El Poeta Loco. Al final renunció a escribirlos. Para alimentarse y beber coñac los improvisaba en conversaciones con los mexicanos de paso por Francia. Le rogué que me permitiera transcribir algo de lo mucho que me dijo cuando volvimos a vernos en 2003. De los veintiocho textos que le envié aprobó nada más los que ahora publico a modo de homenaje a su memoria.

1. *Papá*

En el Jardin des Plantes,
A la vista de todos y sin recato,
Grita ebrio El Poeta Loco al gorila preso:

«Papá,
¿Por qué al pararte en dos patas
Y oponer el pulgar a los otros dedos
(Te autonombraste Adán por haber cumplido esta doble
hazaña
Y dijiste estar hecho de arcilla roja
Animada por el Gran Soplo Divino),
Lo primero que hiciste fue aparearte
Con otra simia o primata,
Desgajar una rama para volverla mazo o lanza o espada,
Asesinar a tu hermano el mono
Y a tus otros hermanos los neandertales
E imponer tu primatecía?

»Papá,
Con tu acto fundacional
Nos diste la certeza más perdurable:
La gente mata, daña, veja, humilla, tortura
Sólo porque el hacerlo le da un placer infinito.

»Papá,
Mejor te hubieras quedado allá arriba en tus árboles
En vez de poner en marcha,
Con tu triste ambición de hacerte dios,
Todo este gran desastre que no ha cesado
Y acabó por hacernos lo que somos.»

2. *La edad de senecta y dos*

Bebe de un sorbo su tercer coñac
Y afirma cabizbajo El Poeta Loco:
«Aquí en esta mesa
Escribía el joven toda la mañana,
A lápiz, con fluidez, sus mejores cuentos,
Obras maestras aún
Cuando tantas y tantas se han marchitado.

»Pasan treinta y cinco años o veinte siglos.
Vejado por la vejez el pobre escritor
En su casa de Idaho intenta
Hilar dos frasecitas para un saludo
Al nuevo presidente John F. Kennedy.
Ya no puede escribir. Nada le sale.
La Estrella Máxima
Tiene pulverizado el cerebro.

»Entonces el cazador se vuelve su presa.
Abre la boca
Y se dispara toda la carga del rifle.

»¿Qué le pasó en esos años?
Por obra de los medios el joven Ernest
Se convirtió en Papá Hemingway».

3. *Decires*

Cuenta El Poeta Loco en Les Deux Magots:
«—*Dame amor*—, pedía aquella muchacha
En referencia lírica y concreta
A lo más material de la materia,
Elíxir que los dioses de la India
(Dice el poema sánscrito) extrajeron
Del abismo del mar y ahora preservan
En los desiertos de la Luna para
Que sea posible continuar la vida.

»Pero ella sólo demandaba amor,
Sin misticismo ni sublimaciones.

»—*Esto es amor*—, diría Lope de Vega».

4. *No hay tal lugar*

«Utopía», voz griega que significa «No hay tal lugar».
Quevedo,
Prólogo a *Tomás Moro*

«Y mi país se llama No Hay Tal Lugar»
—Dice El Poeta Loco en la rue Saint-Jacques—
«Aunque sea lo contrario de la utopía.
Nadie logra situarlo en ningún mapa.
Ignoran todo de él... Como si supieran,
Parecen empeñados en detestarlo.
Cuando alguien siente vagas resonancias
Al escuchar su nombre, grita en inglés:
—*Oh, Banana Republic!*»

5. *Nosotros tres*

Dice El Poeta Loco ante Notre-Dame:
«El gallo de pelea siempre nace en abril.
En todo el mundo bestial
Sólo este gallo, tú y yo
Tenemos el instinto de asesinar
Aunque no haga falta
Defender nuestro territorio ni conseguir alimento».

6. *Cleopatra y Baudelaire*

«Cleopatra está en París»,
—Dice El Poeta Loco en el Luxemburgo.
«Napoleón trajo de Egipto su momia.
La desmomificó por sortilegio y alquimia
La guardó para siempre en el Marais.
Y nadie sabe en dónde se halla la cripta.

»Cada viernes despierta a medianoche,
Avanza sobre el agua donde el Sena se vuelve el Nilo
Y llega envuelta en luz hasta l'Île Saint-Louis.
Allí la espera siempre el *clochard* Baudelaire
Y le entrega París a la gran reina de Egipto,
Más hermosa que nunca a sus dos mil y pico de años.»

7. *Lo que dice la flecha*

Mientras cae la nieve en la rue Dauphine
Escucho una vez más al Poeta Loco:
«Nunca será de nadie. No la tendrán
Ni con todo el poder del mundo.
Pero la conocí en su templo entre los dos ríos
En su jardín de rosas junto al mar
Que es la muerte,
Y el vivir, su otra cara.

»Para ella fui tan sólo una ofrenda más,
No otra víctima
Sino alguien como el cautivo de la Guerra Florida:
Aceptaba gozoso que le abrieran el pecho
A cambio de un instante entre las deidades.

»No hay otro mundo sino en el placer
Que rompe las amarras del estar
Aquí en la fila de los inmolables.
Y por ser nadie
Tuve la gloria de consumirme en su abrazo,
De ser con ella esa noche
Un solo cuerpo:
El principio, el fin,
Lo que dice la flecha al aire».

8. *Aplausos*

«De un salto que no me creí capaz de dar»
—Dice El Poeta Loco en la rue du Bac—
«Salvé el abismo
Entre dos monolitos que vieron la caída del imperio
romano
Y ya eran milenarios a esas alturas.

»Me aplaudieron los árboles.
Fui famoso un instante entre los álamos.
Al terminar la reverencia profunda
Con la que agradecí tanto entusiasmo,
Encontré sólo indiferencia de nuevo.
»Y ocurre siempre porque la montaña
Cambia de gusto a cada giro del viento.»

[Al despedirnos en el Pont des Arts
Me dio El Poeta Loco el único manuscrito suyo que existe.
En él figuran estos tres poemas:]

DOS CARTAS FRANCESAS

9. [1] *La trahison fidèle*
(De Molière a Madame Du Defand)

Si usted,
Que es toda de amor,
Fuera al fin capaz
De amar a un solo hombre,
En vez
De esparcir su don
Entre tanta gente,

Se acabaría
                    En ese instante
                                        El
                                            Mundo.

10. [11] *La marquise sortit à cinq heures* *(De Georges Simenon a Paul Valéry)*

La marquesa no está:
Salió a las cinco.
Se fue directamente a habitar la novela
Que Monsieur Le Poète
Tanto quisiera haber escrito
Y no pudo.

11. *La lengua de Cervantes* *(Londres, Heathrow Airport: «Arrivals and Departures»)*

> —No la has de ver en todos los días de tu vida.
> *Don Quijote*, segunda parte, capítulo LXXIII

Hermosa la muchacha que centellea
(No se limita a brillar)
En la Babel electrónica.
Es perfecta la línea tan elocuente
Que va del cabello largo al cuerpo armonioso.

Pero todo se esfuma en el nunca más.
—«Nunca más la verás»—,
Dicen, *Arrivals and Departures,*
Las quijotescas pantallas.

Por eso
Quisiera circundar con algo indeleble
Este suelo en que muere un día del siglo cruel,
Poner una señal que dijera: «Aquí
Se desconocieron por fin
Y encontraron el desencuentro»,
Entre los guardias armados
Y las comprobaciones incesantes
De que tú sí eres tú:
Las ceremonias y ritos
De la rotunda antifraternidad universal
En que culmina este horrible mundo
Tan bien comunicado con nuestra Nada.

Se acabó la función.
Se apaga el teatro sombrío
Y hay que salir de la escena.
La vida es derrota siempre.

Arrivals and Departures:
Sólo queda
La palabra más triste: *adiós*,
Que ha inventado la lengua de Cervantes.

IV

CELEBRACIONES Y HOMENAJES

POESÍA JOVEN

(Al ser hallado un poema de Safo entre
los papiros que envolvían a una momia)

Lo ocultaba la masa audiovisual,
La nebulosa electrónica,
El estruendo vibrante
De instrumentos de guerra y música.

Pero entre las galaxias del mercadeo,
Las babeles que se hunden y se renuevan
Todos los días
Y millones de páginas y páginas
Trituradas hasta ser pasta,
Magma de nuevo,

Surgió como de entre las aguas del primer día,
Nuevo otra vez, intocado,
El juvenil poema de Safo
Que apenas tiene dos milenios y medio.

EPÍSTOLA DE LOPE DE VEGA A MIGUEL DE CERVANTES EN EL CUARTO CENTENARIO DEL *QUIJOTE*

De mis oscuras soledades vengo
*Y tornaré a mis tristes soledades.**
Ante los cuatro siglos me detengo

Aquí donde se anudan las edades,
Se disuelven los tiempos, llega el día
En que no existen odios ni amistades,

Sólo un desierto de melancolía
Al pensar tú y yo juntos lo que fuimos
En un orbe de prosa y de poesía.

Por azar o desdicha coincidimos
En otra España trágica. Hoy sin pena
Sobrevive lo que ambos escribimos.

No dejé que triunfaras en la escena
Por mi facilidad, jamás a medias,
De escribir siempre para sala llena.

Novecientas o mil son mis comedias.
De ellas se pone aún *Fuenteovejuna*...
Y esto ya no lo impides ni remedias.

---

* Los dos primeros y los dos últimos versos pertenecen a la «Elegía a Rafael Ángel de la Peña» (1906), de Manuel José Othón.

Entre mis grandes obras no hay ninguna
Otra que represente lo contrario
De lo que dije en ella. La fortuna

Hizo de izquierda un texto reaccionario,
Mi pieza más servil y apresurada,
Para en cambio excluir del inventario

Ésas en que mi virtud tan extremada
De tejer versos, tramas, situaciones
Prueba mi honda maestría consumada.

Nunca dejé ni manchas ni borrones.
Cuanto escribí es muestra de un oficio
Perfecto y de un acorde de los sones.

Enemigos en vida, un armisticio
Nos proponen los siglos. Ven, Cervantes,
Hoy que el tiempo entreabre este resquicio.

Ahora ya no pretendo como antes
Afirmar contra ti mi indiscutible
Ventaja con las rimas biensonantes.

Del principio al final toda la vida,
Sin conocer niñez ni decadencia,
Mi poesía fue haz de luz, flor encendida.

Pero reconozcamos sin clemencia
Que, exceptuando tal vez *La Dorotea*,
En la prosa no alcanzo tu excelencia.

Cómo intenté, varado en la pelea,
Escribir tus novelas. Todo en vano.
Su virtud no depende de quien crea.

Yo, lumbrera del mundo castellano,
Pretendí con *La Arcadia, El peregrino*
Y varias más un falso mano a mano.

Quisiste ser poeta y el destino
No te dejó seguir mis hondas huellas
Ni tampoco igualarte fue mi sino.

De entre las mil comedias las más bellas
Jamás tendrán la inmensa resonancia
Del *Quijote* elevado a las estrellas.

Cuatro siglos después no hay la arrogancia
De competir y nada ya me cuesta
Reconocer en paz y a la distancia

El triunfo del *Quijote* en la floresta
Y en la montaña y siempre y dondequiera.
Tengo orgullo de mí. Sólo me resta

Disponerme a aceptar tu primacía.
Tu obra es y será gloria cimera
Del idioma, la prosa y la poesía.

Cervantes, ya me voy, ya no entretengo
El culto que te rinden las edades.
De mis oscuras soledades vengo
Y tornaré a mis tristes soledades.

UNA PRIMERA EDICIÓN DE *CANTOS DE VIDA Y ESPERANZA* *(Rubén Darío, 1905)*

Hojas llenas de ojos.
Cuántos pasaron
La vista por estas frondas.
El árbol
Desde el tocón reverdece
Cada vez que mueve sus páginas
El viento de otra mirada.

Mañana qué distinto
Será leerlas
Con otros ojos
Hoy impensables todavía.

Entre hojas y ojos circula —o no—
El aire respirable
De la poesía.

UN SONETO ATRIBUIDO A SALVADOR DÍAZ MIRÓN PARA ELOGIAR A DARÍO Y DOLERSE DE NO HABERLO VISTO CUANDO PASÓ POR XALAPA EN 1910

Rubén, haces presente lo lejano,
La disonancia cubres de armonía,
Vuelves perla y diamante la poesía
Y música y pintura el castellano.

Tienes la llave de otro mundo arcano
Que transforma la luz en melodía,
Llenas de lumbre en tu melancolía
La condena de ser fugaz y humano.

En tu viaje a la isla de Citera
Vas por cumbres y abismos irisados,
Llenos de oro y ceniza enamorados.

Allí en costas de azur la muerte espera.
No tocará tus versos: son sagrados.
En ellos todo el año es primavera.

DE RUBÉN DARÍO A FRANCISCO TOLEDO
(A la manera de «Goya» en Cantos de vida y esperanza*)*

En la noche mexicana
Brilla entre su luz arcana
Nuestra señora la iguana.

Con el don extraordinario
Que hace al dibujo incensario
En el altar del bestiario,

Subes al mundo animal
Y con sangre de copal
Lo vuelves más hondo y real.

En tu jardín infinito
Consuma el arte su rito,
Se hace flor y canto el mito.

Tu línea al mundo ironiza,
Canta a la vida en su liza
Perpetua con la ceniza.

Desde aquí ves la otra orilla,
No ésta en que todo se astilla
En sangre y en pesadilla.

Ante el peso del dolor
Das a la noche el fulgor
Que enciendes con tu color.

Y contra el lastre satánico
Del caos que engendra pánico
Te alzas actual y prehispánico.

Pintor y mago y profeta,
Chamán, místico, poeta:
El infinito es tu meta.

Engrandeces lo pequeño,
Del mundo entero eres dueño,
Con tierra tejes tu sueño

En tu obra intensa y genial,
Toledo, artista ritual,
Oaxaqueño universal.

REUNIÓN ANUAL DE LA ACADEMIA DE RIMADORES

(En los 75 años de Hugo Gutiérrez Vega)

Para conmemorar el bicentenario
De aquella antología en que comenzamos:
Novísimos poetas de vanguardia,
Convoca la Academia de Rimadores
A su reunión anual.
Y como siempre sucede
Los antiguos adolescentes
Tenemos ya un pie en el abismo
Y unas Obras Completas para la Nada.

Figuras lamentables y ya vencidas
De estos pobres nosotros,
Los hoy decanos.
Cabezas canas
Y al lado nuestro la divina edecana.

Con la decrepitud
De los aquí reunidos contrasta
La lozanía
De la eterna muchacha
Que nace a diario
Y en dondequiera y a toda hora
Y es para siempre joven:
La Muerte.

JUAN SORIANO EN 1941: *NATURALEZA MUERTA CON VASO Y CALAVERA**

En 1941 Juan Soriano tiene la cara
Que le pintó Ramón Gaya dos años antes
Cuando Soriano contaba
Diecinueve de edad y muchos siglos de malicia y talento.
Su inteligencia era *mala*, es decir sarcástica,
Pero inmenso aquel don de hacer el bien al pintar,
Tornar inteligible el mundo gracias al arte.
Soriano dirá después que en aquella época
Se sentía atrapado y en carne viva.
Frente a él estaba el mundo como mancha de aceite
Que al extenderse cerraba el paso a todo porvenir
habitable.

En estas circunstancias pintó Soriano
Naturaleza muerta con vaso y calavera,
Un cuadro verdiazul, azul-verdoso, azul-verde
En que lo único natural son siete espigas
Ante una ventana abierta por paradoja
A otras ventanas cerradas que no dan a ninguna parte,
O tal vez se reflejan en el vacío
O contra un laberinto semejante

* Escrito para el catálogo de la última exposición que presentó Juan Soriano en el Museo Amparo de Puebla.

(En pintura, nunca en palabras)
Al paisaje interior o la catacumba habitada por los poemas
Que los «Contemporáneos» habían escrito poco antes
Cuando temieron ahogarse en su propia mancha de
aceite.

Quizá pudo llamarse también «Estudio en cristal»
El misterioso cuadro radiante,
Profundo enigma de claridad que no cesa.
Hay un vaso vacío, no *medio lleno* sino del todo vacío.
A la distancia en que lo vemos ahora el vaso de ausencia
Recuerda los productos de Carretones, taller de vidrio
soplado que ya no existe.
(Hoy el vaso a su vez parecería «naturaleza muerta»,
por tanto.)
Tiene un revolvedor también de cristal
Y junto a él dos canicas inmóviles,
Dos esferas abstractas con que jugaron niños ya
fantasmales
Para el momento en que Soriano ha pintado el cuadro.

Estas canicas rotundas parecen miniaturas de un
indefenso globo terráqueo.
En su interior los matices dibujan continentes de fuego
y sangre.
Fragilidad del mundo, ser quebradizo
De todo lo que hacemos y cuanto somos.

La calavera domina el cuadro y como siempre es
«serena y trágica».
La vemos de perfil, sólo cubierta por una capa de vidrio
(no existían plásticos),
O tal vez un sudario o un manto de azul traslúcido.
Hecho, más que de tela, de un imposible cristal flexible,
Materia resistente que de improviso
Se ha vuelto dúctil como la seda o la cera,
La cera funeraria para otros cirios ausentes, fuera de
cuadro,
En el velorio del mundo en perpetua guerra.

La unión de calavera y cubierta o velo
Invoca aquel *Cráneo azteca en cristal de roca*
Que está en el Museo Británico y Saint-John Perse elogió
como «el objeto más hermoso del mundo».
En nuestro fin de siglo fue doloroso enterarnos
De que esa calavera no es antigua ni azteca ni mexicana.

No la falsificaron en un taller de aquí como Carretones,
Sino es obra de un artesano alemán de mil ochocientos
noventa y tantos,
Un genio del cristal que sin esclavizarse a la firma,
Sin pretensión de renombre ni de hacer arte,
Vendía el producto como decoración o pisapapeles.

La calavera aquí rima en silencio
Con las canicas que por partida doble están fuera del juego.
La infancia terminó. Ya es de noche y se ha acabado la fiesta
De los que tienen veinte años
En aquel tiempo inhabitable como éste y todos.
Los invitados se han ido sin dejar huella en el cuadro.
Quién sabe qué hacen allí las canicas, juego de azar
    inocente,
Segregadoras también pues pertenecen nada más a los
    niños, como la fiesta a los jóvenes.
En vez de hundirse en su agujero de tierra
Las canicas yacen extemporáneas y desoladas y ajenas
    en el vaso vacío.
Ni agua ni alcohol para la sed inmensa de vida.
O más bien la sed verde se opone al azul de muerte.
El enigma sigue.

La calavera observa al sesgo el espejo que nos devuelve la
    Invisibilidad de su propia imagen,
O flota en esa alberca de Villaurrutia donde el que nada
    sólo escucha la Nada,
O bien se asoma al aljibe de Pellicer,
Ni mar de Grecia ni río de Tabasco,
Sino estanque de desamor en algún valle entre
    montañas-pirámides.
Entonces lo que Soriano ha pintado aquí
Es el recinto de esas «muertas imágenes»,
Muertas de vida y de pasión por vivirla.

En qué imperiosa forma la calavera se va adueñando del
mundo.
Lo coloniza con su omnipresencia. *Memento mori.*
Todos nos vamos a morir
Pero nadie sabe cuándo ni dónde o cómo,
Aunque siempre en cualquier momento.
Por eso la calavera se ríe
De los espejos que el azul-verde diluye.
Soriano emplea luz de cielo y colores de mar y tierra
En un espacio de confinamiento,
Un campo de batalla en que lo único vivo son las
espigas,
Naturaleza, sí, pero *segadas, cegadas,* ciegas.

Las espigas semejan las flechas de oro
De un mediodía que volverá como siempre.
Por lo contrario, la calavera es aquella parte
Que nunca llegaremos a conocer de nosotros mismos
Y resulta nuestra indeseable herencia al planeta.
Los huesos no tienen ojos para mirarse al espejo
Y, como las ventanas, ya no ven nada.
Los demás, si se atreven, observarán
Con ironía o piedad la calavera monda y redonda,
No sus intransferibles poseedores,
Espigas también nacidas para ser pasto de la guadaña
Que alimenta de absurdo a la pobre Nada.

Al detener un instante del año atroz como todos
Soriano da movimiento inmóvil, presente ausente y
espejo ciego
Al tiempo interno que se desploma en el vaso
Entre las dos canicas del azar,
Mínimas calaveras de cristal
O breves lunas entre el amanecer y la noche,
Junto al revolvedor que mezcla luz y sombra en el aire
Y funde ayer y hoy en el mar del tiempo.
Soriano pone velo nupcial y mortaja de adiós al cráneo,
Cubre y descubre una realidad que sin darnos tregua
Ilumina el silencio con penumbra de cripta y luz de playa
y montaña.
Su cuadro entonces podría ser también como un nocturno
solar
Porque la hoguera central no se mueve,
Somos nosotros los que vagamos siempre en tinieblas.

Si una vez más el mundo parecía (como hoy) polvorín
A punto de convertirlo todo en desierto,
Naturaleza muerta, vaso sin agua, juego sin juego,
Calavera cubierta con el velo de Isis o con el velo de Maya
En una tarde de México,
Quedaba como espiga del porvenir,
Para nosotros y para Juan Soriano,
El triunfo de su arte.

V

LOS DÍAS QUE NO SE NOMBRAN

MORGUE

No hace calor en este anexo del infierno.

Los muertos han regresado a la edad de hielo.

Tal vez si los dejáramos aquí
Se volverían inmortales.

Horror la vida desde el iglú de la muerte.

¿Para esto hemos nacido?,
Nos preguntamos
Al profanar la morgue y advertir
Un gesto de reproche en los cadáveres.

Quizá malinterpreto:
Es compasión
Lo que muestran sus caras lívidas.

NUBES

En un mundo erizado de prisiones
Sólo las nubes arden siempre libres.

No tienen amo, no obedecen órdenes,
Inventan formas, las asumen todas.

Nadie sabe si vuelan o navegan,
Si ante su luz el aire es mar o llama.

Tejidas de alas son flores del agua,
Arrecifes de instantes, red de espuma.

Islas de niebla, flotan, se deslíen
Y nos dejan hundidos en la Tierra.

Como son inmortales nunca oponen
Fuerza o fijeza al vendaval del tiempo.

Las nubes duran porque se deshacen.
Su materia es la ausencia y dan la vida.

EXPIACIÓN

Qué sola ha de sentirse la luciérnaga
En el suburbio que era campo.

Arde sin nadie entre las casas tristes.
La repudió el enjambre intolerante
Que exige sumisión igual que todos.

No sé cuál fue su error o su pecado.
Acaso las luciérnagas también
Castigan sin piedad a las insumisas
Y les cortan la luz y el aire.

Tal vez la usó la tribu como chivo expiatorio.
Murmuradas las culpas a su oído,
La enviaron a perderse en el desierto
Para morir por la vileza de otras.

En la altura contrasta su brillantez
Con esos fuegos fatuos tan rastreros
Que hacen teatro de espectros en la noche
Y nos llenan de miedo.

No es verde de esperanza el mal color
De la pobre luciérnaga extraviada:

Su vuelo dice adiós a todo aquello
Que acaba de morir en este instante.

HONGOS

Los habitantes del silencio, los hongos
En su reino de esporas.

El hongo sin dejar de ser vegetal
Tiene algo de carne, piedra o enigma
Entre la hierba, el musgo o el poder
De los árboles tutelares.

Tocado por el ajo o el aceite,
El menos atractivo se convierte en delicia.
En cambio el que más bello nos parece
Oculta en su humedad la muerte pródiga
Que es la vida del bosque.

INCOMUNICABLE

Cada noche sin falta
La babosa escribiente deja en la alfombra
Una estela de plata
Rematada en un bucle exacto,
Siempre distinto.

¿Qué nos dirá
Ese alfabeto nocturno,
Esa plata viva
Trazada a ciegas
En las tinieblas que ignoramos?

Nunca haremos contacto
Con esta mayoría inmensa
Del mundo real que no sólo es nuestro.

Jamás podremos dialogar
Con la parte que no es humana.

SIMULACRO

> Lo más importante de una obra
> de arte es lo que no se dice.
>
> VIRGILIO FERREIRA

Arte de no decir, la telaraña que brilla
Como plata bajo el Sol de oro.
Su diseño parece abstracto.
Por su rigor debería
Estudiarse en un curso de arte.

La mente que concibió tal belleza
No puede ser despreciada
Aunque encarne en una alimaña
Que incita al exterminio a primera vista.

Sin embargo la obra no es arte puro.
Está comprometida con una causa feroz
Igual que la nuestra.

Es una trampa, un matadero sin sangre,
Un lugar de tormento donde no hay gritos.
Su limpidez, su gratuidad en apariencia
Y su espejismo de orden
No durarán mucho tiempo.

Cuando pase de nuevo por aquí encontraré
El laberinto mágico de urdimbres
Sembrado de cadáveres vacíos:
Los restos insepultos de las moscas
Que la araña atrapó en el simulacro
Para sorberles poco a poco
La amarga vida.

MERCADO DE SAN JUAN

Entre el mercado de San Juan el enorme pez
En su tumba de hielo sangra.

Visto así de perfil, hosco y sombrío,
Remota y acremente se parece a nosotros.

Hay la posibilidad de que él también
Sea nuestro consanguíneo antepasado.

Es mejor no pensar entonces
Que otra especie en peligro: la humanidad

Está muriendo
En la tumba de hielo del pez que sangra.

Ignoro el verbo que define su cópula.
Lo que capta el video
Es el momento en que el rinoceronte
¿Monta, pisa, cabalga, cubre, traslapa?
A la rinoceronta que desde aquí no parece
Muy excitada
Sino más bien se resigna
Al débito impostergable
Por la perpetuación de la especie en riesgo.

Para nuestra soberbia resulta cómica
Esta visita conyugal en su cárcel.
No admitimos
Que el gran juguete acorazado de un dios cruel
Y aún no salido de la infancia
Sienta un impulso idéntico a lo que llamamos «pasión»
Cuando nos toma por asalto.

(Si los rinocerontes tuvieran jaulas para encerrarnos
Y cámaras y teléfonos para filmar
Nuestros actos sexuales,
También se burlarían de nosotros.)

Para él todo este embrollo es algo muy serio
Y la otra blindada no le parece
Aberración ni monstruo ni adefesio.

Frente a su amor o su lujuria
La unicornia durísima es su reina,
Miss Universo, la Playmate del Año,
El consuelo único
De estar aquí
Condenados sin culpa alguna
A cadena perpetua en el zoológico.

DEVEDÉ

Se conocen, se atraen y se unen
Y ponen en pantalla el mismo disco de siempre
Con la trama que ya sabemos.

DVD:
Debe de haber otra película humana
Que no sea esta mala copia pirata
De un melodrama esperpéntico

Pero invariablemente muy trágico.

HIERBA DE AYER

Nos encontramos para despedirnos
Ante el jardín hoy como nunca ajeno.

Corta hierba y qué más
La podadora en la tarde.

En su ferocidad lo ignora todo
Acerca de las vidas que anula entre sus cuchillas.

Borra este hoy que se vuelve ayer
La podadora implacable.

Te digo adiós.

Con esta hierba nos vamos.

El edificio horrible ya está en ruinas
Y será demolido.

Temo que nadie llorará su ausencia.

Cuando lo echen abajo me daré
Valor para enfrentarme al gran ridículo
Y pedir un minuto de silencio
A la cuadrilla de demoliciones:

«Antes de que consumen su trabajo
Permitan por favor que me despida:
Estas paredes lamentables fueron
(Tal vez no solamente para mí)
La casa del amor y la poesía.»

UN DÍA VOLVERÁ

> ... para traer la Eurídice dormida
> Hasta la superficie de la vida.
>
> Alfonso Reyes,
> «Arte poética» (1927)

Un día volverá
Por calles
Que nacerán para existir como entonces.

Le diré: «Eres la estrella
Del alba y el crepúsculo.
La más hermosa siempre *en todas partes*».

Pero no:
Es imposible.
Si volviera de nuevo aquí,
Si iluminara
El mundo de tinieblas que habitamos los vivos

¿Qué harían sin ella los muertos?

MELOPEA

> Melopea: Recitación con acompañamiento de piano. Debe de ser un mexicanismo ya en desuso porque no he visto ningún diccionario que registre este sentido del vocablo.
>
> JULIÁN HERNÁNDEZ,
> *Apuntes...*

Un señor toca el piano, otro declama
Una «poesía» muy dulce de hace cien años.

Estoy a punto de reírme o largarme,
Huir de esta catacumba en donde, pese a todo,
Soy por inmensa diferencia el más viejo.

¿Quién es el cursi, el anticuado, el ridículo?

Porque la gente se conmueve,
Brotan las lágrimas,
Se toman de la mano,
Se besan.

La melopea
Puede sonar grotesca
Pero ha logrado
Lo que nunca obtendré con mis versitos.

LOS DÍAS QUE NO SE NOMBRAN

En vano trato
De recordar lo que pasó aquel día.
Estuve en algún lado,
Hablé con alguien,
Leí algún libro...
Lo he olvidado todo.

A tan sólo unos meses de distancia
Parece que las cosas sucedieron
En el siglo XIV antes de Cristo.

¿Qué dije, qué pensé?
No tengo idea.
Jamás me enteraré de lo ocurrido.

Salí de las tinieblas,
Voy a ellas.

Todo es nunca por siempre en nuestra vida.

MICROSCOPIO

El microscopio me engrandece. Veo
Multitudes, batallas, grandes éxodos.
La vida que se mueve siempre en combate.
Y en todas partes el dolor y el miedo.

Sin ayuda de la óptica electrónica
Otros ven nada más
Una gota de agua o un corpúsculo
De tierra en que no hay nada.

Desde otro microscopio alguien observa
Nuestra afrentosa pequeñez y ficha
A tan ínfima especie con un nombre
Científico entre tantos:

Humanidad doliente.

POR DESGRACIA

A cambio
De mi voraz estupidez en materias
Accesibles y gratas para los otros
Destaqué en geografía.

Ahora supongo que me fascinaba
El sonido de aquellos nombres:
Dalmacia, Laconia, Tánger,
Corinto, Aquisgrán, Salónica...

Pero hoy de nada sirve mi infantil
Estudio de fronteras y capitales.
Ya me volví ignorante, desconozco
Los países, las lenguas, las banderas.

Nada resulta estable y hay lugares
Devorantes, borrados, engullidos.
El pez grande se quiebra y el pequeño
Implosiona y derrama sus pedazos.

Y sin embargo está lo que no cambia:
El mapamundi actual es como el de antes
Una mancha feroz de fuego y sangre.

LA ARCADIA

Los poetas neoclásicos,
Tan ilegibles hoy como nosotros
Lo seremos mañana,
Llamaron a su círculo La Arcadia,
Se dieron nombres de pastores:
Batilio, Clearco, Leandro;
Ocultaron el nombre de sus amantes
Bajo el velo de Cloris, Filis, Delia;
Escribieron confiados
Églogas rococó en almíbar rancio
Y no en seda y en mármol
Como los verdaderos antiguos;
Trataron de ocultar el deseo sexual
Bajo un manto falaz de clasicismo;
Pero lo que anhelaban en verdad
Era fornicar libres al aire libre
Con ninfas y con dríadas
Como en la Edad de Oro.

Nadie ha de permitir que lo condenen a una segunda
forma de muerte
Si deja que lo empareden a la intemperie
Y lo conviertan en estatua efímera.

¿Para qué sirven las estatuas?
Para dar
Compasión a los árboles,
Risa a los transeúntes,
Letrina a las palomas y otras aves;
Para que los airados
Pinten sus maldiciones al poder;
Para que finalmente las derriben
Y las hagan pedazos
Las multitudes que en su furia son
El gran juicio final,
El veredicto de la Historia.

LA MANCHA

Desisto, cedo, renuncio, abandono
Mi esfuerzo inútil, mi irrisorio afán.

He probado jabones, detergentes,
Sustancias diseñadas contra el estrago.
Todo en vano: la mancha no se irá
De la camisa blanca. Su baldón
Fue producto del vino de la amistad
Consumido en afecto y calma.

La amistad indispensable no dura mucho.
El acuerdo encalla de pronto
En los filos de la discordia.

Porque nada está firme. Todo se va.
Sólo la mancha sigue aquí
Como una huella de sangre.

¿Qué significa, cuál crimen
Se empeña en reprocharme la imborrable?

ENIGMA

El misterio que tú eres para mí
Y yo soy para ti
Y todos somos para todos…

¿Por qué actuamos así?
¿Por qué llegamos
A este momento inexplicable
(Que es hoy y siempre)?

Si supiera quién eres y quién soy,
Si supiese por qué eres y por qué soy,
La vida perdería su intensidad lacerante.

Dejaría de ser lo que es en verdad:
El enigma sin fondo.

ALMANAQUE

En la última tienda que sobrevive,
Ahogada por las cadenas y las franquicias,
Para empezar el año amenazante
Me regalan un almanaque,
Un calendario de hojas desprendibles.

El almanaque es otra especie en peligro.
Ante el triunfo de la electrónica,
Pronto lo extinguirán por ser tan realista,
Pues nadie quiere ver la cara del tiempo.

En la agenda es posible borrar los días
O tacharlos en calendarios.
El violento almanaque nos obliga
A arrancarle una hoja noche tras noche,
Como si nos dijera: «Ya se va,
Ya te fue arrebatado el día
Por la invisible tempestad que sin pausa
Deshoja el árbol del mundo».

Me deshago del hoy que me deshace.
Lo que pasó se vuelve materia inerte,
Hojarasca en verdad.
Vuelan los días
En la selva sin paz del almanaque.

La vida sigue y no se acuerda de nada.

NOMBRE Y HUMO

En el tronco de un árbol que talaron
Para abrir más camino
Al Niágara incesante de automóviles,
Encuentro muy dañados por la intemperie
Y por la intemperancia de tantos años,
Dos nombres, una fecha:
Amalia y Pablo. Abril / 59.
Y me pregunto si recordarán
Que dejaron sus tenues huellas.

Cuánto hiere pensar en qué habrá sido
De esos amores, de esa juventud,
Aquel mundo
Sin relación alguna con el de ahora.

Tal vez ninguno vive.
Acaso forman
Un viejo matrimonio
O al poco tiempo
De haber *eternizado* su inmenso amor
Se apartaron por algo y no volvieron a verse.

Acaba el testimonio hoy vuelto leña.
En el humo se van Pablo y Amalia
Y aquel año del siglo también muerto.

LA CRUZ DE MI PARROQUIA

No negaré la cruz de mi parroquia
Porque la cruz
Es en verdad un pararrayos.

Cómo se cimbra todo cuando truena el relámpago
Y el cielo se desploma en un millón de fragmentos.
La cruz recoge entonces la violencia del aire
Y la hunde en tierra firme.
Allí el fragor se vuelve oscuridad
Y prepara en tinieblas otra tormenta
Que asciende sísmica y trémula.

En este caso no hay
Ninguna cruz que absorba el terremoto
Y sea capaz de hundir su iracundia
Entre las nubes negras.

TEZONTLE

Lo que explota o crepita a cada paso,
Algo como un chasquido o el rumor
Del tiempo al deshacerse...

Los jardines de grava que hay en México,
Senderos de tezontle desmenuzado
En que se pulverizan los instantes.

Hoy espuma de piedra y antes lumbre
En la boca del Xitle hace dos mil años,
Tezontle del Ajusco que nos da siempre
La sensación de caminar en fuego.

Vamos por el jardín como sobre un volcán al acecho.
El mundo entero, cráter que hierve en cólera
A la espera del estallido.

EN LA ACERA

Fulgor del mundo en esta pobre hierba
Brotada de la calle en las ranuras
De la acera en pedazos.

Mal proyecto
Andar los desniveles de una ciudad
Hendida por fragores subterráneos.

Aquí no puede hablarse de tierra firme.
Somos los habitantes de una isla
Rodeada de temblores por todas partes.

Quedan las ruinas del desastre aquel.
Siguen intactas, son el monumento
Al estrago que fue y será mañana.

La muerte acecha siempre,
El deterioro
Reina todos los días,
Marca y signo
De la ciudad en que nada permanece.

Sólo esta hierba ínfima,
Esta cumbre
Pisoteada, irrisoria, casi muerta
De sed cuando no hay lluvia.

A fuerza de endeblez
La hierba dura
Como señal del triunfo de la vida.

EL CANAL DE LA NADA

Desde el vagón final
Observo el túnel abierto
Entre las estaciones de Chilpancingo y Patriotismo
En la línea 9 del Metro.

Cuántos años vividos sobre estas calles
Sin pensar nunca en lo que yace aquí abajo.
Y no supe tampoco
Qué había ocurrido al fondo de mi propio pasado,
Tan misterioso
Como el ayer de todas las personas.

Túnel irreal, surreal, canal de la Nada.
En él encuentro una imagen
De la ignota caverna que hemos dejado atrás
Para vivir este día.

CLAVO

Suprema
Sabiduría de la embriaguez:
El clavo
Que ha bebido pared
Durante muchos años rencorosos,
De repente se dobla y se viene abajo
Con su carga de pesadumbre.

Y al desplomarse arrastra consigo
El premio, el diploma, el título,
La constancia
De una antigua victoria
Que ahora,
Con su vidrio empolvado,
Yace,
Hiriente,
Por el suelo
En añicos.

EL LUGAR DE LA DUDA

Dice sin duda: «No hay lugar a duda».
Lo afirma, lo sostiene contundente
Desde el centro del Bien y la Verdad incontestables.

Ante su hosca certeza me pregunto cuál es
El lugar de la duda.
Y encuentro allí lo contrario
De lo que ve quien no duda.

No vivimos en calma, nunca hay paz,
La vida toda es un combate incesante.
Por eso nos convienen el tal vez, el acaso,
El quizá, el sin embargo y el no obstante.

El lugar de la duda sería entonces
El territorio de la reflexión,
La conciencia de ser también el otro
Para quien vemos siempre como el otro,
El campo de la crítica y la puerta
Que cierra el paso al dogma y a sus crímenes.

El tremendismo de la realidad,
Su incurable tendencia
Al melodrama y a lo absurdo.

La realidad es psicópata:
Jamás se compadece de sus víctimas.
Hace trampa al jugar con la esperanza.

Todo lo escribe mal con letras chuecas
Llenas de errores de sintaxis.
Ignora el ritmo, el tono, la armonía.
Confunde los papeles asignados.
Olvida lo que dijo en la otra página.

Debería entrar en un taller literario,
Aprender cuando menos rudimentos
De verosimilitud, coherencia y orden.

Sin embargo posee en alto grado
Una virtud artística suprema:
No se repite nunca,
Siempre es nueva,
Siempre nos deja con la boca abierta.

REALISMO SUCIO

Realismo sucio del despertador,
Su irrupción malsonante
En el abismo lírico del sueño.

Bomba de precisión el feroz reloj
Que vuela en mil pedazos el video intimísimo,
Filmado noche a noche por nuestro inconsciente
dramático,
Máquina de narrar extrañas ficciones,
Siempre al alcance involuntario de todos.

Nunca sabré cómo iba a terminar esa historia onírica.
Hicimos una cita y se quedó sin desenlace
Por culpa del despertador que no se apiada de nadie,
Por obra del estallido del deber y de la realidad,
Gran enemiga de los sueños.

LA HORA DE LOS NIÑOS

Los niños traficaban con una nueva especie de ratas,
Anilladas como langostas y de color magenta y celeste.
Sabor extraño al principio
Pero como el hambre no miente
Nos habituamos a hornearlas.

Ya que uno es lo que come, en menos de un año
Nos volvimos como ellas.
Primero los ojitos alarmados, la pelambre y la cola.
Poco después los dientes de taladro,
Las garras como sierra de partir huesos.
(¿Hará falta añadir que a este respecto
No tuvieron gran cosa que enseñarnos?)

Ahora son hombres los niños que vivían de las ratas.
Actúan como sicarios de un poder invisible
Y poco a poco pero noche tras noche
Nos eliminan sin clemencia.

AQUEL OTRO

Hoy vino a verme el que no fui:
Aquel otro
Ya para siempre inexistencia pura,
Ardid verbal para el *hubiera sido*,
Forma atenuada de decir *no fue*.

Ahora lo entiendo:
Quien no fui ha triunfado,
La realidad no lo manchó, no tuvo
Que adaptarse a la eterna sordidez,
Jamás capituló ni vendió su alma
Por una onza de supervivencia.

El que no fui se fue como si nada.
Ya nunca volverá, ya es imposible.

El que se va no vuelve aunque regrese.

En un prendedor de plata
La antigüedad de la herrumbre
Que han dejado la sal y el mar del tiempo.

Este recubrimiento vela el día
En que salió a la luz de la novedad
Un objeto
Destinado a la oscura pátina.

Debe de haber
Deidades o demonios que manipulen el tiempo
Y digan: «Todo
Nace para ofrendarse a la erosión.
Sólo nosotros
Perseveramos en seguir aquí
Inmutables y crueles
Como espuma que a cada instante
Impone su levedad a la pesadumbre
De la roca marina
Bajo la evanescencia corrosiva
Que muerde todo y demuele todo.»

Hay sustancias
Para quitarle a la humilde joya
La cadena que la aprisiona
En un ayer inasible.

Ahora está «como nueva»
Pero no es nueva.
En su vistosidad reluciente
Se dibuja más bien un simulacro
De antigua juventud.

Por un instante se borra
La noche inmensa en donde estuvo guardado
—¿Por qué incógnita historia?—
Este objeto.

Al tocarlo siento la piel
De la muchacha que por primera vez se lo puso.
¿Cuándo?
Digamos por decir algo
Mil novecientos treinta y nueve.

El tacto me permite verla hermosísima
En un baile del Ciro's o el Country Club
O en el Hotel Montejo que se llevó el terremoto.

Ya no está aquí la muchacha.
Los lugares también se fueron.
Todo ese mundo
Ya se ha desvanecido como hoy se disipa este otro
Que mientras tanto se va cubriendo de pátina.

SEDA

Larva del aire entre la oscura tierra,
La todopoderosa Tierra saqueada
Por los que estamos sólo de paso.

Se gesta aquí la seda y ha de volar
Etérea como esa piel que es otra forma de seda:
El vestuario de la bellísima
En la noche de los deseos.

Y al centro de la gran fiesta
Y la celebración que es contemplarla,
Envuelta en el esplendor
De su manto traslúcido de seda,
Nadie nunca podría pensar
En el gusano ausente innombrable.

Y no obstante en la noche de oro,
Mientras arde el espacio en música,
El gusano paciente espera.

Sabe
Que es el último rey
Y siempre sale triunfante.

ÍNDICE